세계시민수업
환경 정의

세계 시민 수업 ⑤

환경 정의

환경 문제는 누구에게나 공평할까?

장성익 글 | 이광익 그림

차 례

수업을 시작하며 6

01 환경 문제는 왜 중요할까?
고릴라가 핸드폰을 미워한다고?? 12
환경 문제란 무엇이며 왜 생겨났을까? 16
자연은 왜 소중할까? 22
꼬마 시민 카페 세계에서 가장 큰 쓰레기장 26

02 지구가 끝없이 더워진다면?
바다 속으로 사라지는 나라들 30
지구 온난화는 왜 일어날까? 34
기후 변화가 일으키는 재앙 38
지구 온난화를 막으려면? 42
꼬마 시민 카페 온난화를 '한 방'에 해결할 수 있다고? 46

03 사라지는 생명들
도요새의 슬픈 노래 50
인간이 저지르는 대학살? 53
생물 다양성은 왜 중요할까? 56
꼬마 시민 카페 생명의 역사를 더듬어 보자 60

04 자연이 아프면 사람도 아프다

바다도 사라지고 사람도 떠나고 64
'지구의 허파'가 결딴난다면 67
물 없이는 살 수 없건만 71
바다가 울고 있다 75
꼬마 시민 카페 '보이지 않는 물'을 보라 78

05 환경에도 정의가 필요해

자원의 저주 82
환경 문제에서 정의란? 86
'기후 정의'란 말을 들어 봤나요? 89
인간과 자연과 사회의 어깨동무를 위하여 92
꼬마 시민 카페 '물 전쟁'에 얽힌 환경 정의 이야기 96

06 지속 가능한 지구로 가는 길

비극의 섬 100
지속 가능한 발전의 겉과 속 102
성장의 한계와 생태 발자국 105
잔치는 끝났다 108
녹색 미래의 열쇠 111
꼬마 시민 카페 '위험 사회'를 넘어서 114

수업을 마치며 116

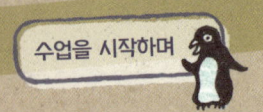
수업을 시작하며

사람과 자연은 하나다

요즘 환경 오염과 자연 생태계 파괴를 걱정하는 목소리가 크게 높아지고 있단다. 지구 온난화와 이에 따른 기후 변화, 생물 멸종, 열대 우림 파괴, 사막화, 유해 화학 물질 오염 등등 이런 말을 한 번쯤은 들어 본 적이 있을 거야. 각각의 내용을 속속들이 알진 못하더라도 말이야. 중요한 건 이런 것들이 잘 보여 주듯이 우리 모두의 삶의 터전인 지구가 갈수록 심각하게 병들어 가고 있다는 사실이야.

지구라는 너무 큰 차원에서 벌어지는 일들이라 실감이 잘 안 난다고? 음, 그럴 수도 있겠구나. 근데 가까운 우리 일상생활을 둘러보아도 상황은 마찬가지야. 요즘 미세 먼지란 말 자주 들어 봤지? 미세 먼지란 눈에 보이지도 않는 작디작은 먼지를 가리키는 말이야. 주로 자동차, 화력 발전소, 공장 같은 곳들에서 많이 나오지. 바람을 타고 중국에서 날아오는 양도 아주 많고. 문제는 이 속에 사람 몸을 해치는 나쁜 오염 물질들이 잔뜩 들어 있다는 점이야. 이런 미세 먼지가 최근 들어 크게 늘어나는 바람에 툭하면 하늘이 뿌예지고 모든 사람이 큰

고통을 당하고 있지.

이뿐만이 아니야. 옥시라는 영국계 거대 기업이 만든 가습기 살균제 탓에 어린이를 비롯한 수많은 사람이 죽는 안타까운 비극이 벌어지기도 했어. 실내 습도를 조절하는 가습기는 어느 집에서나 흔히 볼 수 있는 물건이잖아? 한데 그런 물건에 쓰이는 살균제에 사람 몸을 망가뜨리는 아주 유독한 물질이 들어 있었던 거야.

사실 이런 얘기를 하자면 끝도 없어. 우리가 먹는 갖가지 음식에 화학 첨가물 같은 유해 물질이 많이 들어 있다는 건 잘 알고 있지? 알면서도 맛있으니까 자꾸 먹게 되는 게 문제이긴 하지만 말이야. 혹시 '새집 증후군'이란 말은 들어 봤니? 집이나 건물을 새로 지을 때 사용한 건축 자재나 벽지, 새로 들인 가구 등에서 나온 유해 물질로 두통, 피로, 호흡 곤란, 천식, 피부병 등이 생기는 현상을 가리키는 말이야. 심지어는 핸드폰이나 컴퓨터 따위에서도 몸에 해로운 전자파가 나오지.

결국, 지구라는 큰 차원에서든 일상생활이라는 작은 차원에서든 환경 문제가 갈수록 심각해지고 있다는 걸 우리는 날마다 피부로 느낄 수 있어. 그 때문에 오늘날 사람을 비롯한 모든 생명과 그 수많은 생명이 살아가는 하나뿐인 지구가 깊은 위기와 위험에 빠지고 있지.

환경은 '생명'이야. 이 지구와 우주 전체이기도 하지. 그래서 환경이 망가진다는 건 좁은 의미의 자연이나 눈에 보이는 생태계가 훼손되는 수준을 넘어 이 세상과 생명 자체가 파괴되는 걸 뜻해.

사람을 포함한 모든 생명체는 지구라는 한 배를 탄 동료이자 구성원으로 하나의 거대한 생명의 그물망을 이루면서 서로 연결돼 있어. '자연이 아프면 사람도 아프다.'고 얘기하는 이유가 여기에 있어.

또 하나 새겨 둘 게 있어. 환경 문제는 자연에서 벌어지는 일인 동시에 사람들 사이에서 벌어지는 일이라는 거야. 그래서 환경 문제는 사회 문제, 정치 문제, 경제 문제이기도 해. 찬찬히 들여다보면 환경 문제에도 사람 사는 세상 모습이 깊이 아로새겨져 있다는 걸 어렵잖

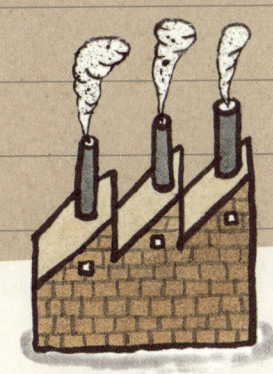

게 알아차릴 수 있지.

　이 책은 환경 문제를 단순히 자연 생태계에 국한된 문제로 보는 게 아니라 인간과 자연과 사회를 두루 아우르는 관점에서 살펴본 이야기들로 이루어져 있어. 특히 세계 곳곳에서 벌어지는 환경과 관련된 다양한 일들이 나와 어떤 관계를 맺고 있는지도 알아보려고 애썼어. 세상에서 벌어지는 모든 일은 크든 작든 나에게 영향을 미치고, 반대로 나의 행위 또한 직접으로든 간접으로든 세상 전체에 영향을 미치기 때문이야. 머리로 환경 지식을 쌓는 건 물론 중요하고 필요해. 하지만 거기서 그치는 게 아니라 자연과 생명의 숨결을 함께 느끼고 호흡할 줄 아는 '녹색' 감수성과 생태적 상상력을 키우는 것도 아주 소중한 일이야. 사실은 이것이야말로 진정한 앎이라 할 수 있지. 이 책이 이런 앎을 배우고 익히는 데 도움이 된다면 참 좋겠어. 이런 살아 있는 앎이 밑바탕이 되어야 환경 문제를 깊이 있게 이해하는 것은 물론 자기 삶과 이 세상을 보다 멋지게 가꾸어 나갈 수 있는 법이니까 말이야.

환경 문제는 왜 중요할까?

지구 환경 문제의 심각한 정도를 알려 주는 '세계 환경 시계'가 있어.
시계 바늘이 12시에 가면 지구 생명은 모두 사라지는 거야.
안타깝게도 현재 우리에게 남은 시간은 3시간도 채 안 돼.
그만큼 지구 환경 문제가 심각하다는 것이지.
환경은 첨단 과학 기술로 '뚝딱' 해서 고쳐 낼 수 있는 것이 아니야.
한 번 잃어버린 생명은 되살릴 수 없듯이, 환경도 마찬가지란다.
더 늦기 전에 환경 문제가 무엇이며 왜 생겨났는지,
우리가 어떻게 해야 하는지 함께 생각해 볼까?

고릴라가 핸드폰을 미워한다고??

고릴라가 핸드폰을 미워한다고 하면 어떤 생각이 들까? 아마 엉뚱하고 황당한 소리로 들릴 거야. 하지만 이 둘은 깊은 관계로 얽혀 있단다. 그리고 거기엔 아프리카 밀림에서 벌어지는 슬픈 사연이 숨어 있지.

아프리카 중서부 지역에 콩고라는 나라가 있어. 콜탄이라는 광물 자원이 많이 생산되는 나라로 유명하지. 세계 전체 콜탄 매장량의 80퍼센트가 이곳 열대 우림 지역에 묻혀 있다고 해. 콜탄은 이전에는 별로 사람들의 관심을 끌지 못했어. 하지만 지금은 아주 귀한 대접을 받고 있어. 콜탄에서 나오는 탄탈륨이라는 물질 때문이지. 탄탈륨은 전기 에너지를 저장하는 능력이 뛰어나고 높은 온도에도 잘 견디는 독특한 성질이 있거든. 그래서 핸드폰, 노트북, 리모컨, 비행기 제트 엔진, 광섬유 등을 만드는 첨단 산업 원료로 큰 인기를 끌고 있어.

그러니 사람들이 눈에 불을 켜고 콜탄을 캐내기 시작한 건 당연한 일이겠지?

 수많은 동식물을 품고 있는 울창한 숲에 사람의 욕구와 필요를 채우기 위한 광산 개발 바람이 갑자기 불어닥치기 시작한 거야. 그러니 숲이 어떻게 되겠어? 마구잡이로 파헤쳐지면서 아주 빠르게 파괴될 수밖에 없겠지?

 근데 숲이 망가지는 것만 해도 안타까운 일인데 더 큰 문제가 생겼어. 아프리카 열대 우림 지역은 지구상에 하나밖에 없는, 고릴라의 자연 서식지야. 자연 속에서 야생 상태로 살아가는 고릴라는 여기서만 만날 수 있다는 얘기지. 한데 숲이 삶의 보금자리인 고릴라 입장에서는 숲이 마구 망가지고 있으니 어떻게 되겠어? 생존하기도 힘든 막다른 골목으로 내몰릴 수밖에 없겠지? 바로 이 때문에 오늘날 고릴라 수는 아주 빠르게 줄어들고 있어. 멸종 위기에 처할 정도로 말이야. 더구나 밀렵(허가를 받지 않고 몰래 사냥하는 것), 화전 농업(숲이나 산에서 풀과 나무를 불태워 없애고 그 자리를 밭으로 일구어 농사짓는 것), 목재를 구하기 위한 무분별한 나무 베기 등도 끊이지 않고 있어. 모두 고릴라를 더욱더 고통스럽고 위험한 수렁으로 밀어 넣는 일들이지.

그럼, 사람은 어떨까? 희생을 당하기는 사람도 마찬가지야. 콩고는 본래 자원을 둘러싼 다툼과 종족 갈등 탓에 오랫동안 내전이 벌어진 곳으로 악명 높은 나라야. 그런데 콜탄을 캐내고 팔아서 벌어들이는 막대한 돈이 전쟁 자금으로 쓰이고 있어. 이 돈이 무기 구입 등에 쓰인다는 얘기지. 콩고에서 내전이 좀체 끝나지 않는 이유 가운데 하나가 여기에 있어. 1990년대 이후 콩고 내전으로 무려 500만 명이나 죽

었다고 해. 정말 슬프고도 끔찍한 일이 아닐 수 없어.

콜탄 광산에서 일하는 원주민들도 신세가 비참해. 안전시설이나 장비가 모자라 툭하면 사람이 죽고 다치는 사고가 일어나거든. 더구나 그렇게 힘들게 일해도 받는 돈은 입에 풀칠하기도 힘들 정도로 적어. 정작 큰돈을 챙겨 가는 건 오로지 돈벌이에만 관심이 있는 서구 강대국의 거대 광산 기업과 무역 중개상들이지. 결국, 숲이 파괴되면서 고릴라가 삶터에서 쫓겨나고 지역 주민들은 끝없는 전쟁과 가혹한 노동에 시달리고 있는 게 아프리카 밀림에서 벌어지고 있는 일이야.

자 그럼, 지금까지의 이야기를 한번 간추려 볼까?

- 지금 아프리카 밀림에서는 고릴라가 멸종 위기로 내몰리고 있다.
- 그 원인은 고릴라 서식지인 숲의 파괴다.
- 숲이 파괴되는 것은 핸드폰 등을 만드는 데 필요한 자원을 마구잡이로 캐내기 때문이다.
- 그 결과 숲과 고릴라, 곧 자연뿐만 아니라 인간도 큰 고통에 시달리고 있다.

환경 문제란 무엇이며 왜 생겨났을까?

　이 이야기는 우리에게 환경 문제의 본질과 특성이 무엇인지를 잘 일깨워 주고 있어.
　먼저 얘기할 것은, 지금 우리가 겪고 있는 환경 위기가 아주 심각한 수준으로 치닫고 있다는 사실이야. 아프리카 밀림은 세계 3대 열대 우림의 하나로 손꼽히는 곳이야. 열대 우림은 지구의 건강하고도 풍요로운 자연과, 그 자연이 내뿜는 경이로운 생명의 힘을 상징하는 곳이야. 바로 그런 곳이 무차별로 파괴되면서 그 안에 깃들어 살아가는 생명체들이 사라지고 있다는 게 이 이야기의 핵심이잖아? 이건 지구 환경이 지금 얼마나 위험한 상태에 처했는지를 알려 주는 '경보음'이라고 할 수 있어.

다음으로, 환경 위기를 일으키는 근본적인 원인은 두 가지라고 할 수 있어. 하나는 인간의 지나친 탐욕과 오만이야. 다른 하나는 인간의 탐욕과 오만을 끊임없이 부추기고 만들어 내는 세상의 구조와 질서야. 풀어서 얘기하면 이렇게 되지.

숲과 고릴라와 인간을 고통으로 몰아넣는 광산 개발을 하는 이유가 핸드폰 등에 쓰이는 물질을 구하기 위해서잖아? 수많은 사람이 핸드

폰을 사용하는 이유는 좀 더 편리하고 안락한 생활을 누리기 위함이고. 그러니까 마구잡이 광산 개발의 바탕에는 편리하고 안락하게 살고자 하는 인간의 욕망이 깔려 있다는 거야. 또한, 거리낌 없이 숲을 파괴하고 생명의 고통이나 죽음을 아무렇지 않게 여기는 건, 자연을 그저 이용 대상으로만 여기는 인간의 오만을 잘 보여 준다고 할 수 있어.

더 큰 문제는 이러한 인간의 탐욕과 오만이 오늘날 우리가 살아가는 세상의 지배적인 구조와 깊이 맞물려 있다는 점이야. 지금의 현대 문명은 경제 성장과 산업 발전, 소유와 소비, 효율과 경쟁과 속도 따위를 떠받드는 '물질 중심 문명'이라고 할 수 있어. 우리 삶을 규정하는 정치, 경제, 사회, 문화 시스템도 여기에 짜 맞추어져 있고 또 속속들이 길들어 있지. 다시 말하면 성장, 개발, 돈벌이, 경쟁 등을 끝없이 추구하고 이것이 다시 인간의 욕망을 끊임없이 부추기는 악순환의 연결 고리로 엮여 있는 것이 지금 세상의 민낯이라는 얘기야. 바로 이것이 환경 문제를 일으키고 환경 위기를 심화시키는 근본적인 원인이자 배경이야.

또 하나 중요한 것은, 모든 것은 서로 연결돼 있다는 사실이야. 지금 내가 대한민국에서 핸드폰을 사용하는 행위가 저 머나먼 아프리카 밀림에서 살아가는 고릴라의 운명에 영향을 미치고 있다는 걸 이 이

야기는 분명히 보여 주잖아? 이처럼 나의 행동은 지구에 영향을 미치고 지구에서 벌어지는 일은 나에게 영향을 미치기 마련이야. 거대한 지구와 나의 생활이 긴밀한 관계로 연결돼 있다는 거지. 이렇게 사람과 자연은 하나의 운명으로 얽혀 있어. 이것이 생명 세계의 속성이야. 환경 문제가 자연의 일일 뿐만 아니라 인간의 일이기도 한 이유를 알겠지?

이 대목에서 우리는 세계를 보는 두 가지 관점을 비교해 볼 수 있어. 흔히 '유기체적 세계관'과 '기계론적 세계관'이라 불리는데 말 자체는 좀 어렵고 딱딱하게 느껴질지 모르겠지만 알고 보면 별거 아니야. 먼저 '유기체적 세계관'에 대해 얘기할게. 유기체란 각 부분과 전체가 긴밀하게 하나로 연결되고 얽혀 있는 조직체를 말해. 한마디로 생명체라고 생각하면 돼. 우리 몸을 한 번 떠올려 봐. 우리 몸을 이루는 세포 유전자 안에는 몸 전체가 다 담겨 있어. 몸의 어느 한 부분이 아프거나 기뻐하면 몸 전체가 통증과 환희를 느끼잖아? 세계를 이처럼 통합적인 것, 그러니까 각 부분이 전체와 긴밀하게 연결되었다고 보는 게 바로 유기체적 세계관이야.

기계론적 세계관은 그 반대야. 자동차를 한번 떠올려 봐. 자동차가 수많은 부품의 조합이듯이 우리 몸과 자연을 원자나 분자들의 단순한 집합체로 여겨. 부분은 전체와 분리된 독립체라는 얘기지. 그래서 부분 안에 전체가 깃들 수 없어. 자동차는 부품이 고장 나면 새것으로 교체하면 그만이잖아? 그리고 그럴 때 전체가 고통이나 슬픔을 느끼지도 않잖아? 모든 것이 따로따로 분리돼 있으니까 말이야. 기계에 영혼이 없듯이 기계론적 세계관에선 계산할 수 없고 측정할 수 없는 것, 이를테면 정신이나 마음, 자연과 삶의 질적 가치 같은 건 중요하지 않아. 대신에 힘, 양, 효율, 속도 따위를 떠받들게 되지.

요컨대, 유기체적 세계관이 따스한 생명의 논리라면 기계론적 세계관은 차가운 물질의 논리라고 할 수 있어. 문제는 현대 산업주의 물질 문명의 바탕에 깔려 있는 게 기계론적 세계관이라는 점이야. 이런 세계관으로 인류는 아주 짧은 기간에 눈부신 경제 성장과 물질의 풍요를 이룩했어. 하지만 그 대가로 오늘날 환경 위기, 삶의 위기, 사회와 공동체의 위기가 돌이킬 수 없을 정도로 깊어지고 있어.

자연은 왜 소중할까?

앞에서 자연과 인간은 하나로 연결돼 있다고 했는데, 자연이 왜 소중한지를 조금 더 자세히 알아볼까?

자연이 소중한 일차적인 까닭은 우리가 살아가는 데 필요한 모든 것이 자연에서 왔기 때문이야. 음식, 물과 공기와 햇빛, 전기와 난방, 운송 등에 쓰이는 에너지, 적당한 기후, 온갖 물건을 만드는 데 쓰이는 각종 원재료 등등. 일일이 꼽자면 끝도 없을 거야. 100년에 1센티미터 정도의 속도로 토양을 만들어 주고, 광합성 작용으로 햇빛을 동물의 먹이로 바꾸어 주며, 영양분을 순환시켜 생물 다양성을 유지시

켜 주는 것도 모두 자연이 하는 일이야. 이뿐만 아니라 자연은 사람의 마음과 정신을 풍요롭게 해 주는 종교나 문화 예술의 중요한 원천이기도 해. 많은 사람이 자연 속에서 깊은 평화와 내면의 행복감을 맛보곤 하잖아?

그렇다면 자연은 마냥 축복과 은혜만 베풀어 주는 걸까? 그건 아니야. 자연은 때때로 사람을 불안과 공포에 몰아넣기도 해. 사람은 살아남기 위해, 그리고 문명을 일구는 과정에서 추위와 더위, 태풍, 홍수, 가뭄, 화산 폭발 같은 자연재해에 맞서 싸워야만 했지. 또 먹을 것을 구하려면 날것 그대로의 야생, 이를테면 온갖 위험이 잔뜩 도사린 숲, 거칠고 메마른 대지, 거센 파도가 휘몰아치는 바다로 나아가 때로는 죽음을 무릅쓰기도 하며 피땀을 흘려야 했지. 그렇게 인간은 자연 속에서, 자연과 더불어 살아왔어.

이처럼 자연은 경이롭고 신비로운 숭배 대상이기도 하고, 공포와 불안을 안겨 주는 위협적인 존재이기도 해. 사실 따지고 보면 문명이란 것 자체가 이런 자연에 적응하거나 대응해 온 과정이라고 할 수 있지. 분명한 것은 사람을 비롯해 모든 '살아 있는 것'들의 생존과 삶의 바탕이 자연이라는 사실이야. 그러므로 자연은 개별적인 사람들의 생존은 물론 인간 사회와 인류 문명 자체를 가능하게 해 준 원천이자 토대라고 할 수 있어. 앞에서 사람은 자연의 일부라고 했잖아? 그런데

사실은 우리 몸 자체가 바로 자연이라고 할 수 있어. 우리 몸 안에 물과 공기와 에너지 같은 자연이 들어 있고, 우리가 살 수 있는 건 이것들의 상호 작용 덕분이니까 말이야.

그런데도 우리는 이런 사실을 잊고 지낼 때가 많아. 오히려 자연을 사람을 위한 수단이자 도구로 생각하곤 해. 사람의 욕구나 필요에 따라 자연을 마음대로 파괴하고 학대하고 착취하고 변형해도 된다고 여긴다는 거지. 그 결과 오늘날 사람들은 자연을 지나치게 함부로 사용하고 있어. 석유 같은 자원은 분명히 매장량에 한계가 있는데도 마치 무한정 쓸 수 있는 것처럼 마구잡이로 캐내고 있잖아? 이건 인간이 자연의 지배자이자 정복자이고 이 지구의 유일한 주인이라고 여기는 탓이야. 더구나 이 지구는 지금 살고 있는 현세대만의 소유물이 아니야. 끊임없이 이어질 후손, 곧 미래 세대 또한 이 지구에서 오래도록 안전하고 행복하게 살아가야 하니까 말이야.

인류는 오랫동안 자연을 그저 성장 도구나 개발 대상으로, 또는 사람에게 필요한 것을 공짜로 제공해 주는 자원 저장 창고쯤으로 여겨 왔어. 더 많은 공업화, 더 많은 개발, 더 많은 자원의 사용, 더 많은 생산과 소비, 더 많은 경제 성장, 더 많은 폐기물 배출과 환경 오염 등을 마치 진보와 발전인 것처럼 생각하기도 했지.

  그 결과 오늘날 우리는 지구와 인류의 지속 가능한 생존 자체를 염려해야 할 정도로 중대한 환경 위기를 겪고 있어. 자연이 인간에게 주는 다양한 혜택을 '생태계 서비스'라 불러. 근데 유엔 산하 환경 전문 기구인 유엔 환경 계획(UNEP)의 평가에 따르면, 지구가 제공하는 전체 생태계 서비스 가운데 무려 60퍼센트가 이미 사라졌거나 줄어들고 있다고 해. 더 늦기 전에 지구를 살리는 실천을 서둘러야겠지? 시간은 우리를 기다려 주지 않거든.

세계에서 가장 큰 쓰레기장

세계에서 가장 큰 쓰레기장은 어디에 있을까?

태평양의 '쓰레기 섬'이야.

하와이와 일본 사이, 그리고 하와이와 미국 서부 해안 사이의 태평양을 떠다니는 두 개의 엄청나게 큰 쓰레기 더미를 일컫는 말이지. 우리가 사는 한반도 면적의 7배나 된다니, 정말 어마어마하게 크지? 물론 이 섬은 진짜 섬은 아니야.

플라스틱, 비닐, 타이어, 그물 등 사람이 버린 쓰레기들이 플랑크톤과 뒤섞여 끈적끈적한 죽과 같은 상태를 이루고 있어. 쓰레기 가운데 20퍼센트만이 배에서 버린 것이고 80퍼센트는 육지에서 온 것인데, 전체의 90퍼센트가 플라스틱 물질이야. 그래서 이 쓰레기 섬을 '플라스틱 섬'이라 부르기도 해.

쓰레기 섬은 어떻게 생겨났을까? 육지 곳곳에서 버려진 쓰레기가 해류를 타고 바다를 떠다니다가 이곳에 갇히면서 모이게 되는 거야. 한데 플라스틱 쓰레기는 햇빛, 바람, 파도 등의 작용으로 서서히 아주 작은 알갱이로 부스러져.

이 때문에 바다가 오염되는 것도 문제이지만, 물고기를 비롯한 바다 생물이 이것을 먹이로 착각해서 먹는다는 게 더 큰 문제야. 플라스틱을 먹은 생물의 건강이 온전할 리가 없잖아? 더구나 이런 물고기를 사람이 먹게 될 수도 있어.

이렇게 보면 결국 인간이 버린 쓰레기가 다시 인간에게로 되돌아오는 셈이지.

우리가 버린 쓰레기가 눈에 안 보이는 먼 곳으로 치워진다 해도 그 쓰레기는 없어지는 게 아니라 이 지구상 어딘가에서 떠돌아다니고 있어.

사람이 버린 쓰레기는 땅과 물을 오염시키잖아? 우리가 먹는 음식은 그렇게 오염된 땅과 물에서 난 것들이야. 결국, 내가 버린 쓰레기가 형태나 성분은 바뀌었을망정 내 입으로 다시 들어온다고 할 수 있어.

이처럼 인간과 자연은 눈에 보이지 않는 방식으로도 서로 연결되어 있단다.

지구가 끝없이 더워진다면?

지구가 계속 더워지면 어떻게 될까?
지난 100여 년 사이에 지구의 평균 기온은 1℃ 정도 올랐어.
1℃ 오르는 게 뭐 그리 문제냐고?
지구 기온이 1℃ 오르면서 북극 빙하가 녹고,
투발루섬과 같은 수많은 섬과 해안가 지역이
바닷물에 잠겨 사라질 위기에 처했어.
태풍과 홍수, 이례적인 고온 현상과 같은
기상 이변의 피해도 곳곳에서 발생했지.
어떻게 하면 더 이상 지구의 기온이 오르는 걸 막을 수 있을까?

바다 속으로 사라지는 나라들

갈수록 바닷물 수위가 높아지는 바람에 국토 이곳저곳이 바닷물에 잠기고 있다면? 그래서 머지않아 국민 모두가 다른 나라로 이주할 수밖에 없다면? 게다가 바닷물이 땅으로 스며들어 지하수를 사용할 수 없는데다 강이나 호수도 없어 당장 마실 물조차 구하기 어렵다면?

만약 우리가 이런 나라에서 산다면 엄청나게 힘들고 고달프겠지? 근데 이런 비극을 실제로 겪고 있는 곳이 여기저기에 있단다. 남태평양의 작은 섬나라들이 그 주인공이야. 대표적인 나라는 투발루야. 9개의 자그만 산호초 섬으로 이루어져 있고 인구가 1만 명 정도에 불과한 이 섬나라는 온 나라를 통틀어 가장 높은 곳이 해발 4미터 정도에 지나지 않아.

그래서 바닷물이 조금만 높아져도 큰 난리가 날 수밖에 없어. 바닷물이 섬 밑바닥 산호초

사이로 스며드는 탓에 섬 안쪽에서 바닷물이 차오르기도 해. 그 탓에 먹는 물로 사용하는 지하수나 농사짓는 땅이 소금기로 오염되고 있어. 지금 이대로라면 투발루는 앞으로 50~70년 안에 나라 전체가 바다 속으로 가라앉을 가능성이 높다고 해. 이곳 주민들이 살아남으려면 그 전에 다른 나라로 집단 이주할 수밖에 없다는 얘기지.

 투발루 옆의 키리바시라는 나라도 비슷한 처지에 놓여 있어. 키리바시라는 인구가 10여만 명으로 국토 대부분이 해발 3미터가 안 되는 산호초 섬이야. 밀려오는 바닷물을 막으려면 방파제라도 길게 쌓아야 하지만 이 나라는 가난해서 돈이 없어. 그래서 바닷가에 고작 맹그로브 나무를 더 많이 심는 것 외엔 할 수 있는 일이 거의 없어. 그나마 지금 있는 방파제도 주요 도로변이나 병원 같은 중요한 시설 주변에만 설치돼 있어서 여기저기 끊어져 있는 형편이야.

물 문제도 큰 골칫거리야. 먹는 물이 너무 모자라 주민 대부분이 빗물을 받아 끓여 먹고 있지. 섬의 형태마저 위기를 더욱 부추기고 있어. 키리바시에서 사람들이 가장 많이 몰려 사는 섬은 총 길이는 70킬로미터에 이르지만 너비는 아주 좁아. 바다에서 가장 멀리 떨어진 곳까지 거리가 고작 200여 미터밖에 안 돼. 바닷물이 계속 밀려들면 피할 곳을 찾기가 너무 힘들다는 얘기지.

영국 식민지였던 투발루와 키리바시가 독립한 건 각각 1978년과 1979년이야. 탄생한 지 얼마 안 되는 나라들이지. 그래서 이대로 간다면 이 두 나라는 200개가 훌쩍 넘는 수많은 현대 국가 가운데 역사가 가장 짧은 나라로 기록될 가능성이 높아.

나라 자체가 아예 사라질 가능성이 높은 이들 섬나라뿐만 아니라 세계 곳곳의 해안가 낮은 지역들도 위태로워. 세계 전체를 볼 때 사람

들이 집중적으로 모여 사는 곳은 대개 바다와 멀리 떨어지지 않은 낮은 지역이야. 이런 곳은 땅이 평평해서 농사를 짓거나 도시를 건설하기 쉽고 사람이 살기에 여러모로 편리하기 때문이지. 실제로 전 세계 인구의 3분의 1 이상이 바다에서 100킬로미터 이내에 살고 있어. 그런데 바닷물 수위가 1미터만 높아져도 해안선은 무려 1,500미터나 내륙 쪽으로 물러나게 된다고 주장하는 전문가들이 많아.

　바닷물 수위가 계속 높아져서 만약 이런 일이 실제로 벌어진다면 그 피해와 혼란이 얼마나 클지는 상상하기도 힘들겠지? 대표적인 예가 인도양에 접한 낮은 해안 지대에 위치한 방글라데시라는 나라야. 이 나라는 2050년까지 전체 인구 1억 6,000여만 명 가운데 2,000만 명이 살던 곳을 떠나 피난을 떠날 수밖에 없을 것으로 예측되고 있어.

　왜 이런 일들이 벌어지는 걸까? 지구 온난화와 이로 말미암은 기후 변화가 바로 그 주범이야. 지구가 더워지면 바닷물 온도도 덩달아 높아져 바다의 몸 또한 불어나게 되거든. 본래 온도가 높아지면 물체의 부피는 팽창하게 돼 있어. 온도가 올라가면 분자 운동이 활발해지고, 그리되면 결과적으로 분자 사이 간격이 넓어져서 부피가 커지게 되지. 여기에다 육지 얼음, 즉 남극과 북극 빙하, 여러 대륙 고산 지대의

만년설과 빙하 같은 것들도 녹아내려 바다로 흘러 들어가게 돼. 그러니 당연히 바닷물 수위가 높아질 수밖에 없는 거야. 지구 온난화 탓에 지구 전체가 아주 위험해지고 있는 거지.

지구 온난화는 왜 일어날까?

지구 온난화란 정확히 뭘까? 사람들이 산업 활동이나 일상생활을 하면서 배출하는 온실가스 탓에 지구 기온이 올라가서 더워지는 것이 지구 온난화야. 배출된 온실가스는 지구 둘레에 일종의 막 비슷한 걸 만들어서 지구에서 발생한 열이 지구 밖으로 빠져나가지 못하게 해. 그러니까 지구 표면에 부딪힌 햇빛이 온실가스 층에 가로막혀서 대기권 밖으로 나가지 못하고 다시 지구 표면으로 반사돼 지구를 더워지게 만드는 거야. 이것을 '온실 효과', '온난화'라고 불러.

온실가스는 공장에서 물건을 만들거나, 자동차를 타고 다니거나, 전기를 생산하는 것과 같이 사람이 여러 활동을 할 때 많이 나와. 이산화탄소, 메탄, 아산화질소 등이 대표적이지. 이 가운데 인간 활동으로 만들어지는 전체 온실가스의 60퍼센트 이상을 차지하는 건 이산화탄소야. 이산화탄소는 주로 석유, 석탄, 천연가스 같은 화석 연료를 사용할 때 나와. 화석 연료란 아주 오래 전 지질 시대에 동식물이 죽어 지각 변동으로 땅속이나 바다 밑에 파묻힌 뒤, 수백만 년에서 수억 년 동안 높은 열과 압력을 받으며 분해되는 과정에서 만들어진 연료를 말해. 화석처럼 오랫동안 묻혀 있다가 오늘날 연료로 쓰이기 때문에 '화석 연료'란 이름이 붙었지.

온실가스는 인간의 에너지 사용과 깊은 관계를 맺고 있어. 사람은 어떤 활동을 할 때 반드시 에너지를 사용해. 이 에너지를 만들어 내는 게 바로 석유, 석탄, 천연가스 같은 화석 연료야. 다시 말하면, 사람들이 산업을 발전시키거나 편안한 생활을 하려고 화석 연료로 만든 에너지를 지나치게 많이 쓰는 게 온난화의 가장 큰 원인이라는 말이지. 이를테면 온실가스의 대표 격인 이산화탄소의 4분의 3이 인간이 사용하는 화석 연료에서 발생해.

혹시 이쯤에서 '온난화나 기후 변화는 옛날에도 있었던 일 아냐?'라는 궁금증이 들지도 모르겠구나. 이건 일리가 있는 의문이야. 45억 년에 이르는 기나긴 지구 역사에서 기후는 때때로 더워지기도 하고 추워지기도 했던 게 사실이니까 말이야. 그렇다면 오늘날 지구 온난화가 커다란 논란거리가 되는 이유는 뭘까?

자, 이제부터가 중요한 얘기니까 잘 들어 봐. 지구 전체 차원에서 산업화가 본격적으로 이루어지기 이전, 그러니까 대체로 19세기 정

도까지 기후 변화는 대부분 자연 활동의 결과였어. 이에 견주어 오늘날 온난화를 일으키는 가장 큰 요인은 자연이 아닌 인간 활동이야. 그리고 온난화 속도가 옛날에 비해 아주 빨라졌어. 이는 산업 혁명 이후 불과 200여 년 사이에 공업 중심의 산업화가 급속도로 이루어졌기 때문이야. 그러면서 눈부신 경제 성장과 사람들의 생활 수준 향상이 이루어졌지. 한마디로 이전에는 상상하기조차 힘들었던 거대한 대량 생산, 대량 소비, 대량 폐기 시스템이 전 세계적으로 자리 잡은 거야. 그 결과 에너지와 화석 연료 사용이 엄청나게, 그것도 아주 빠른 속도로 늘었으리란 건 충분히 짐작할 수 있겠지? 정리하면, 옛날과 지금의 기후 변화는 다음의 두 가지 점에서 본질적으로 달라.

- 이전의 기후 변화는 자연 현상의 하나였다. 이에 반해 지금의 기후 변화는 인간 활동의 결과다.
- 이전의 기후 변화는 느리게 진행되었다. 이에 반해 지금의 기후 변화는 지나치게 빠르게 진행되고 있다. 그 결과 수많은 재앙과 혼란을 낳고 있다.

기후 변화가 일으키는 재앙

　그렇다면, 지구는 그동안 얼마나 더워졌을까? 과학자들의 연구 결과를 종합하면 최근 100년 동안 0.75도 상승했어. 우리나라는 다른 나라에 비해 산업화가 매우 빠르게 이루어진 탓에 이것의 두 배인 1.5도가 상승했고. 뭐 고작 그 정도의 온도 변화 가지고 호들갑을 떠느냐고?

　자연이란 그렇지 않아. 복잡하고 정교한 시스템으로 이루어져 있는 자연은 본래 아주 민감해. 그래서 이 정도의 온도 변화만으로도 아주 큰 영향을 받기 마련이야. 오늘날 지구의 평균 기온과 수만 년 전 빙하기 때 평균 기온 차이가 얼만지 알아? 5도밖에 안 돼. 그러니 불과 100년 만에 1도 가까이나 오른 것은 자연 입장에서는 엄청나게 큰 변화지.

　그 탓에 오늘날 지구 곳곳은 갖가지 몸살을 호되게 앓고 있어. 섬나라와 바닷가 낮은 지역이 바다 속으로 가라앉는 건 하나의 극단적인 보기일 뿐이야. 무엇보다 이전에는 경험하지 못했던 불볕더위, 가뭄, 홍수, 태풍, 집중 호우와 폭설 등을 비롯한 극심한 기상 이변이 갈수록 기승을 부리고 있어. 이 때문에 식량 생산이 줄어들고 경제와 산업 쪽 피해도 아주 커. 변화에 적응하지 못해 멸종 위기에 빠지는 동식물

이 급속도로 늘어나는 것도 심각한 문제야.

  뿐만 아니라 사막은 늘어나는 반면에 숲은 줄어들고 있어. 말라리아나 뎅기열 같이 특정 지역에서만 발생하던 질병이 다른 곳으로 퍼져 나가고, 새로운 전염병이 자꾸 생겨나기도 해. 사라지는 섬나라들 이야기에서 보듯이 기후 변화 탓에 자기 삶터를 떠날 수밖에 없는 '기후 난민' 또한 갈수록 늘어나고 있어. 한마디로 자연 생태계의 질서와

안정이 깨지면서 사람을 포함한 생명 세계 전체가 이전과는 차원이 다른 거대한 혼돈과 고통 속으로 빠져들고 있는 거지.

우리나라는 어떨까? 우리나라는 온실가스 배출량이 세계 9위야. 배출량 증가 속도는 세계 최고 수준이고. 이렇게 된 것은 우리나라가 세계에서 유례를 찾기 어려울 정도로 눈부시게 빠른 산업화와 경제 성장을 이루었기 때문이야. 그 바람에 우리는 지금 기후 변화의 영향을 몸으로 겪고 있어.

우리나라는 본래 사계절이 뚜렷한 온대 기후잖아? 근데 최근 들

어 봄과 가을이 아주 짧아지고 있어. 기후가 더운 여름과 추운 겨울로 '양극화'되고 있는 거지. 바다의 물고기 지도도 바뀌고 있어. 대표적으로, 이전에 동해에서 가장 많이 잡히던 '국민 생선' 명태가 지금은 거의 다 사라지고 말았어. 찬물을 좋아하는 명태나 대구는 사라지는 반면에 더운물을 좋아하는 오징어, 멸치, 고등어 등은 훨씬 많아졌지. 농작물 재배 지역도 크게 바뀌고 있어. 사과, 포도 같은 과일 재배 지역이 더욱 북쪽으로 올라가고, 이전에는 볼 수 없었던 열대 과일 재배가 늘어나고 있어.

지금 흐름대로라면 이번 세기 후반에 북한 평양의 연평균 기온이 지금의 제주도 남쪽 서귀포와 비슷해질 거라는 예측이 나올 정도야. 남한 지역 거의 대부분이 아열대 기후로 바뀐다는 얘기지.

특히 주목할 온도는 2도야. 지구 온도가 2도 오르면 지금보다 더욱 엄청난 재앙이 전 세계를 덮치리라는 게 많은 전문가들의 공통된 예측이거든. 지난 2015년 12월 세계 수많은 나라 대표들이 모여 '파리 기후 변화 협정'이란 걸 맺은 이유가 여기에 있어. 여기서 세계 사람들이 합의한 목표가 지구 평균 기온 상승을 2도보다 더 낮은 수준으로 유지하자는 거였어. 세부적으로 들어가면 온도 상승을 1.5도 밑으로 제한하기 위해 더욱 각별히 노력하자는 합의도 이루어졌고. 게다가 이전과는 달리 세계 거의 모든 나라가 이런 노력에 동참하기로 했어.

물론 이에 대해 목표치만 높이 잡았달 뿐 실제로는 이루기 어려울 거라는 비관적인 전망이 높은 건 사실이야. 그래서 실속 없는 '빈껍데기'에 지나지 않는다고 평가하는 사람들도 있어. 하지만 어쨌든 이전에 견주어 상당히 높은 수준의 국제적 합의를 이끌어 냈다는 것 자체가 지금의 기후 변화 위기가 얼마나 중대하고 절박한지를 또렷이 보여 주고 있어.

기후 변화에서 2도는 지구와 인류 미래를 지키기 위한 '최후의 방어선'이야. 지구 온도가 2도 이상 올라가면 그땐 무슨 수를 써도 치명적인 파국을 피하기 어렵다는 얘기지. 그래서 지금은 개인이든 나라든 더 늦기 전에 온난화를 막기 위한 긴급한 행동에 나서야 할 때야.

지구 온난화를 막으려면?

지구 온난화는 말 그대로 지구 전체에 걸친 문제여서 해결하기가 참 어려워. 나라마다 생각이나 처지가 다 다르고 나라들 사이의 이해관계 또한 복잡하게 얽혀 있기 때문이지. 또 각 나라에 해결 노력을 강제할 실질적인 장치가 없다는 것도 문제야.

가장 큰 걸림돌은 선진국과 개발 도상국 사이의 입장 차이야. 두말할 나위도 없이 온실가스를 가장 많이 배출한 것은 산업화를 먼저 이룬 선진국들이잖아? 그간 다른 나라들에 앞서 산업과 경제를 발전시키고 생활의 풍요를 누리는 과정에서 막대한 양의 온실가스를 뿜어낸 게 이들이니까 말이야. 반면에 개발 도상국이나 후진국들은 지긋지긋한 가난에서 벗어나 이제 좀 잘살아 보겠다고 뒤늦게 산업화의 길을 걷기 시작한 나라들이야.

이런 상황에서 선진국들이 온난화는 지구 전체 문제이니 모든 나라가 함께 온실가스를 줄이자고 주장하면 개도국 입장에서는 어떤 마음이 들까? 이제껏 온실가스를 내뿜어 지구를 망가뜨린 게 누군데 이제 와서 좀 잘살아 보려는 자신들에게까지 책임을 뒤집어씌우느냐고 반발하겠지? 개도국들의 이런 주장은 분명 일리가 있어.

온실가스 배출의 책임뿐만 아니라 지구 온난화로 가장 크고 직접적인 피해를 당하는 것이 가난한 나라의 가난한 사람들이라는 사실도 짚어 볼 대목이야. 이들은 누구보다도 자연과 직접 연결되고, 자연에 깊이 의존하면서 살아가고 있어. 그러니 자연의 변화에 가장 큰 영향을 받을 수밖에 없지. 하지만 이들의 온실가스 배출량은 아주 적어. 좀 전에 살펴본 투발루와 키리바시를 한번 봐. 아주 적은 인구에 농사짓고 물고기 잡는 사람이 대다수인 이들 나라에서 배출하는 온실가스가 얼마나 되겠어? 아마 거의 없다고 해도 되겠지. 그런데도 온난화의 가장 크고 직접적인 피해는 이들에게 돌아가고 있잖아? 지구 온난화 문제를 제대로 해결하려면 선진국이 훨씬 큰 책임과 의무를 져야 하는 이유가 여기에 있어. 이건 아주 중요한 얘기야. 온실가스 배출을 줄이려면, 또 기후 변화가 일으키는 갖가지 피해와 문제에 대응하려면 막대한 돈과 기술이 필요해. 이런 걸 제대로 갖추고 있는 게 선진국들이니 이들이 어떻게 하느냐가 아주 중요하다는 건 당연한 얘기겠지?

하지만 그렇다고 해서 개도국이나 가난한 나라들이 경제 성장을 위해 지금의 선진국들처럼 온실가스를 마구 배출해도 될까? 이 또한 말이 안 되겠지? 바로 그래서 선진국부터 자신들의 책임에 걸맞게 온실가스 배출을 먼저 줄이되, 개도국들도 이에 점차 동참하고 선진국은 이들에게 기술과 자금을 지원해 이런 노력을 돕는 게 현명한 문제 해결의 원칙이야.

물론 더 근본적으로는 온실가스를 끝도 없이 대량으로 배출하게 만드는 지금의 산업 중심의 사회 경제 체제를 바꾸어야 해. 특히 에너지를 지나치게 많이 쓰는 대량 생산, 대량 소비, 대량 폐기 시스템의 끝

없는 악순환에서 벗어나는 게 핵심이
지. 또한, 각 개인들이 일상생활에서 구체적인 행동으로 온실
가스 배출을 줄이는 것도 중요해. 지금 현대인들은 소유와 소비,
사치와 쾌락, 안락함과 편리함 따위를 지나치게 소중히 여기는
생활 방식에 깊이 물들어 있는 게 사실이잖아? 끝없는 성장과 개
발을 추구하는 경제, 돈과 물질을 신으로 떠받드는 물신주의 가치
관, 소박함이나 단순함이나 자기 절제와는 너무 동떨어진 낭비
하는 생활이 판치는 곳에서는 지구 온난화의 재앙
을 피할 수 없어.

꼬마 시민 카페

온난화를 '한 방'에 해결할 수 있다고?

오래전부터 과학자들은 지구 온도를 빠르게 낮추고 대기 중 온실가스를 줄일 수 있는 여러 기술적 방안을 궁리해 왔어.

크게 두 가지 방법이 있어.

하나는 지구로 오는 태양빛을 막거나 반사시켜 지구 온도를 낮추는 거야.

비행기나 로켓, 풍선 등을 이용해서 대기 중 일정 공간에 이산화황 같은 미세 입자를 대량으로 살포해 햇빛을 반사하는 거야. 우주 공간에 거대한 반사판을 설치하자, 사막을 햇빛을 반사하는 물질로 뒤덮자, 건물 지붕을 모두 흰색으로 칠하자 등과 같은 제안들도 있어.

다른 하나는 자연의 이산화탄소 흡수 작용을 인공적으로 늘리거나 별도의 장치를 이용해 이산화탄소를 없애는 거야. 대기 중 온실가스 농도를 낮추는 것이지.

대기 중 이산화탄소를 없애는 방안 가운데 대표적인 건 바다에 식물성 플랑크톤의 성장에 필요한 영양물질을 대량으로 살포하자는 아이디어야. 영양물질이 뿌려지면 바다 표면 가까이에서 광합성을 하는 플랑크톤이 아주 빠르게 증식하면서 공기 중

이산화탄소를 대량으로 흡수할 거라는 얘기지.

이 두 가지 방법에는 공통점이 있어. 첨단 공학 기술과 막대한 자본을 동원해 지구 생태계와 기후의 특성을 대규모로 조작한다는 것이야.

이런 시도가 성공할 수 있을까?

안타깝게도 지구는 실험실이 아니야. 아주 복잡하고 정교한 관계 속에서 수많은 변수가 작용하는 지구 기후와 생태계를 대상으로 인위적인 거대 실험을 하는 것은 근본적으로 위험하고 무모한 짓이야. 예측하지 못한 중대한 환경 피해나 치명적인 돌발 사태가 얼마든지 벌어질 수 있으니까 말이야. 플랑크톤 대량 번식도 바닷물 산성화와 바다 생태계 붕괴로 이어질 가능성이 높아. 이산화황 대량 살포는 오존층을 파괴하고 빗물에 섞여 땅으로 떨어지면 지상 생태계에 피해를 일으킬 수도 있어.

거대 지구 공학 기술은 온난화 문제를 한 방에 해결할 '요술지팡이'가 될 수 없어. 어떤 문제를 돈이나 기술로 손쉽게 해결하려 드는 것 자체가 위험하고도 안이한 태도야.

일종의 '악마의 유혹'인 셈임을 잊지 마.

사라지는 생명들

해마다 2만 5천 종의 생물들이 지구에서 사라지고 있어.

20분마다 생물 한 종이 지구에서 사라지고 있는 거야.

자연스러운 진화 과정으로 보기도 하는데, 그러기엔 사라지는 속도가 너무 빨라.

생태계는 여러 다양한 생물들이 유기적인 관계를 이루고 있어.

생물들이 사라진다는 건 생태계의 균형이 깨지는 일로

부메랑처럼 모든 다른 생명들에게 큰 영향을 미친단다.

다양한 생물들과 균형을 이루고 사는 것이 건강한 삶을 위한 길이야.

지금 이 순간에도 지구에서 어느 생물이 사라지고 있을지도 몰라!

생물들의 멸종 속도를 늦추고 멸종 위기를 막으려면

어떤 노력을 해야 할지 함께 알아보자.

도요새의 슬픈 노래

우리나라에 많이 찾아오는 철새 가운데 도요새라는 새가 있단다. 도요새는 지구 북쪽의 추운 곳에서 번식을 하고 지구 남쪽의 따뜻한 곳에서 겨울을 보내. 번식하는 곳은 지구 북쪽의 시베리아나 알래스카 지역이고, 겨울을 보내는 곳은 지구 남쪽의 동남아시아나 오스트레일리아, 뉴질랜드 등이야. 서로 1만 킬로미터나 멀리 떨어져 있지.

북에서 남으로 이동할 때 도요새는 보통 일주일 동안 줄곧 날기만 해. 그렇게 나는 동안은 아무것도 먹지 않고 쉬지도 않지. 그래서 도요새는 머나먼 여행을 떠나기 전에 먹이를 잔뜩 먹고 몸의 절반 이상을 연료 구실을 하는 지방으로 채워. 대신에 소화 기관 같은 장기는 극도로 작게 만들지. 그렇게 몸을 변화시킨 뒤 바람을 이용해 긴 비행을 하는 거야.

그런데 워낙 먼 거리를 날기 때문에 비행 도중에 반드시 한 번은 쉬고 먹이를 보충해야 하는 게 도요새의 운명이야. 이처럼 도요새에게 꼭 필요한 '중간 휴게소'가 우리나라에 있어. 서해안에 있는

새만금 갯벌이 바로 그곳이야. 도요새는 여기서 한 달 가량 머물면서 영양분과 에너지를 한껏 비축하고 나서 다시 먼 여행길에 나서지.

　새만금은 세계 5대 갯벌 가운데 하나로 꼽힐 만큼 아주 넓고 풍요로운 갯벌이야. 도요새가 즐겨 먹는 작은 조개, 갯지렁이, 새우, 게 등이 아주 많이 살지. 더구나 새만금 갯벌은 도요새의 전체 여행 일정에서 반드시 내려서 쉬어야 할 중간 위치에 맞춤하게 자리 잡고 있어. 한마디로 도요새의 생존을 판가름하는 아주 중요한 곳이 바로 새만금 갯벌이라는 얘기지.

　그런데 안타깝게도 이런 새만금 갯벌이 지금은 거의 다 사라지고 말았어. 갯벌 바깥쪽 먼 바다에 세계에서 가장 긴 방조제를 쌓아 바닷물을 막아 버렸기 때문이야. 갯벌을 땅으로 바꾸어 그 위에 도시, 공장, 관광 시설, 스포츠 시설 같은 걸 건설하려는 거지. 바닷물이 드나들지 못하니 그 아름답고 기름졌던 갯벌이 지금은 사막 같은 황무지로 바뀌고 말았어.

　그러니 도요새는 어떻게 되겠어? 이제 도요새는 제대로 먹이를 구할 수도 없고 쉴 수도 없는 처량한 신세가 되고 말았어. 이곳을 찾는 도요새가 크게 줄어든 건 그 당연한 결과겠지? 조사 결과에 따르면,

 새만금 방조제 공사 탓에 불과 10년 사이에 도요새의 87퍼센트나 줄어들었다고 해. 특히 세계에서 가장 희귀한 새 가운데 하나인 넓적부리도요는 200마리 정도밖에 남지 않았어. 붉은어깨도요 또한 98퍼센트나 줄어들어 최근에는 1000여 마리밖에 관찰되지 않고 있어. 그야말로 멸종 위기가 코앞에 닥친 셈이지.

 예전의 새만금 갯벌에는 해마다 다양한 종류의 도요새가 수십만 마리씩 몰려들었어. 이들 철새가 하늘을 새카맣게 뒤덮으며 떼 지어 날아올라 춤출 때의 풍경은 정말 멋진 장관이었지. 하지만 지금은 도요새를 아예 구경조차 하기 어려운 지경에 처하고 말았어.

 갯벌은 수많은 생물이 깃들어 사는 자연의 보물 창고야. 조개류와 물고기를 비롯한 갖가지 생물이 생활하고 알을 낳고 먹이를 구하는 곳이 바로 갯벌이지. 이 때문에 갯벌은 주변의 수많은 사람을 먹여 살리는 구실도 톡톡히 해. 갯벌에서 나는 것들로 생계를 이어가는 많은 바닷가 사람에게 갯벌은 다른 무엇과도 바꿀 수 없는 풍요로운 삶의 터전이라는 거지. 이런 갯벌이 개발 바람에 밀려 사라지는 바람에 그만 도요새마저 멸종이라는 슬픈 운명의 주인공으로 전락하고 말았어. 도요새 이야기는 오늘날 이 지구에 드리우고 있는 생물 멸종이라는 불길한 사태의 예고편이라고 할 수 있어.

인간이 저지르는 대학살?

학자들에 따르면, 동물과 식물을 통틀어 이 지구상에서 살아가는 생물종 수는 모두 1,400만 종 가량이라고 해. 무려 1억 종에 이를 거라고 주장하는 전문가들이 있는가 하면, 곤충만 500만~600만 종에 이를 것으로 추정하는 학자들도 있지. 그런데 그 가운데 공식적으로 확인되고 분류된 생물종은 190만여 종에 지나지 않아. 사실, 생명의 세계는 워낙 방대하고 다채로워서 생물종 전체를 정확하게 파악하는 건 근본적으로 불가능하다고 봐야겠지.

지구상에서 생물 다양성이 가장 높은 곳은 열대 우림 지역이야. 특히 남미 아마존 지역, 동남아시아 보루네오섬 일대, 중서부 아프리카 밀림 지대 등이 세계 3대 열대 원시림으로 꼽혀. 이들 열대 우림이 차지하는 면적은 지구 표면의 10퍼센트 정도야. 하지만 지구 전체 생물 다양성의 무려 90퍼센트를 품고 있어.

근데 안타깝게도 오늘날 대규모로 생물종 멸종 사태가 일어나고 있어. 유엔과 환경 단체의 보고서를 종합해 보면, 1970년에서 2006년 사이에 포유류, 조류, 파충류, 양서류, 어류 등 지구 전체 척추동물의 3분의 1에서 절반 정도가 줄었다고 해. 20분마다 하나의 생물종이 지구에서 사라지고 있고, 식물의 경우는 4분의 1가량이 멸종 위기에 놓여 있다는 조사 결과가 나온 적도 있어. 게다가 지구 온난화로 2050년까지 지구 평균 기온이 2도 올라가면 지구 동식물의 4분의 1이 멸종하고, 지금 추세대로라면 21세기 말까지 생물의 절반이 멸종할 것으로 내다보는 학자가 있을 정도야.

물론 기나긴 지구 역사에서 생물종 멸종은 때때로 일어났던 일이긴 해. 특히 화산이 폭발하거나, 빙하기가 닥치거나, 대륙이 이동하는 것과 같이 자연 생태계에 큰 변화가 닥쳤을 때 생물이 대량으로 사라지곤 했어. 그동안 생물 역사에서 대규모 멸종 사태는 다섯 번 있었어. 그 가운데 공룡이 사라진 6,500만 년 전 백악기 때의 대멸종 사태가 가장 유명해. 이때 바다와 육지를 통틀어 전체 생물의 무려 75퍼센트 정도가 사라졌다지.

자, 여기서 눈여겨봐야 할 게 있어. 이전의 멸종이 자연 현상이었다면 지금 진행되는 멸종 사태는 인간이 일으키고 있다는 사실이야. 지금은 지구 온난화와 기후 변화, 열대림을 비롯한 생물 서식지 파괴, 해안 매립과 훼손, 환경 오염과 외래종 침입, 남획(짐승이나 물고기 따위를 마구 잡는 것) 등이 대규모로 벌어지고 있어. 그것도 한꺼번에 말이지. 특히 생물들에게 적응하거나 대처할 시간을 주지 않고 급속도로 진행되는 기후 변화와 환경 오염이 아주 위협적이야. 이 모두 인간이 일으키는 일들이잖아? 한마디로 지구 생태계가 감당할 수 있는 한계를 넘어서는 지나친 경제 성장과 끝없는 개발이 생물 멸종의 주범이라고 할 수 있어.

많은 전문가들이 오늘날의 상황을 두고 그동안 생물 역사에서 발생했던 다섯 번의 대멸종에 이은 '제6의 대멸종'이 시작됐다고 경고하고 있어. 지금 일어나는 생물종 멸종 속도는 인간이 지구에 출현하기 이전과 견주면 무려 1,000배가량이나 더 빠르다고 해. 지금의 생물종 멸종 사태를 인간이 저지르는 '생물 대학살'이라고 일컫는 까닭이야. 이 지구상에 존재하는 수많은 생물종 가운데 하나일 뿐인 인간이 이래도 되는 걸까? 물론 인간이 다른 생명체와는 구분되는 특별한 존재임은 분명해. 하지만 이건 너무 심한 일이 아닐까?

생물 다양성은 왜 중요할까?

그럼, 생물 다양성이 중요한 이유는 뭘까? 결론부터 말하면, 생물 다양성은 자연이 얼마나 건강한지를 보여 주는 잣대라고 할 수 있어. 생태계 안의 모든 생물은 복잡하고 정교한 연결 고리를 이루면서 저마다 자기가 맡은 구실을 다하며 살아가. 때문에 어느 한 종류의 생물이 멸종하면 서로 얽혀 있는 연결 고리의 한 부분이 끊어지게 되고, 결국 전체 생태계가 위험에 빠지게 돼. 그러니까 생물 멸종은 서로 연결돼 있는 자연 생태계 전체의 그물망에 '구멍'이 뚫렸다는 것을 의미한다는 얘기지.

먹이 사슬을 예로 들어 볼까? 먹이 사슬이란 자연 생태계 안에서 서로 먹고 먹히는 생물들 사이의 관계를 가리키는 말이야. 보통은 '녹색식물→초식 동물→작은 육식 동물→큰 육식 동물'의 순서를 따라 먹이 사슬이 이루어져. 이를테면 '풀→메뚜기→개구리→뱀→매'의 순으로 차례차례 잡아먹는 식이지.

자, 여기서 한번 생각해 봐. 만약 이 먹이 사슬에서 메뚜기가 멸종되어 사라진다면 어떤 일이 벌어질까? 또는 뱀이 그렇게 된다면? 이런 일이 벌어지면 메뚜기나 뱀만의 멸종에서 끝나는 게 아니겠지? 메뚜기나 뱀을 잡아먹고 살아가는 다른 생물종도 먹이가 없어지니 큰 타격을 받을 수밖에 없으니까 말이야. 결국, 한 생물종이 멸종하면 그것이 줄줄이 연쇄 작용을 일으켜 먹이 사슬 전체가 망가질 수밖에 없어. 그리고 이는 곧 자연 생태계의 치명적인 파괴나 교란으로 이어지기 마련이야.

한편, 생물종이 다양할수록 생태계는 환경 변화에 더욱 잘 적응할 수 있어. 어떤 예상치 못한 환경 변화로 특정 생물종이 큰 타격을 받

더라도 다른 생물종이 다양하게 살아 있으면 전체 생태계는 죽지 않기 때문이지. 하나의 생물종이 사라지면 이 지구가 보유하고 있는 '유전자 창고'의 한 부분도 함께 사라지게 돼. 그래서 생물종 다양성이 파괴되면 자연이 오랜 세월에 걸쳐 특정 환경에 적응하는 방법으로 가르쳐 준 갖가지 지식들도 함께 사라지게 돼. 때문에 생물종이 계속 줄어들면 자연 자체가 새로운 환경에 적응하는 능력 또한 잃어버릴 수밖에 없어. 그래서 생물 다양성은 강하고 안정적인 생태계, 균형과 조화를 이루는 건강한 생태계를 유지시켜 주는 열쇠라고 할 수 있어.

생물 다양성은 사람에게도 크나큰 가치와 의미를 지니고 있어. 특히 경제, 의학, 농사 등의 분야에서 아주 중요한 혜택을 제공해 주고 있지. 실제로 대부분의 의약품 원료는 자연과 생물한테서 나와. 특히 식물과 미생물은 인간의 면역 체계를 튼튼하게 하는 데 큰 구실을 하지. 더구나 이것들에 들어 있는 특정 성분들은 새로운 치료약 개발이나 산업 활동 등에 요긴하게 쓰이기도 해.

이를테면 은행나무 잎에는 혈액 순환을 돕는 성분이 들어 있고,

버드나무에서는 아스피린 원료가 나와. 주목 껍질에서는 항암제로 쓰이는 성분이 나오지. 지렁이에서는 혈전 용해제가, 개구리 피부에서는 항생제가 나와. 아프리카 마다가스카르라는 섬나라에 서식하는 어떤 식물은 갓난아기의 백혈병 치료에 효과적인 약으로 쓰이고, 남미 에콰도르에 사는 독개구리에서 나오는 분비물은 아플 때 통증을 가라앉히는 안정제로서 효능이 아주 탁월하다고 해.

미국의 국립 암 연구소는, 지구상에는 암세포를 물리치는 효능을 지닌 식물이 3,000종 넘게 있는데 그 가운데 70퍼센트가 열대 우림에 서식하고 있다는 연구 결과를 내놓았어. 이처럼 동식물 생태계는 그 무엇과도 비교할 수 없는 풍요로운 '천연 약국'이라고 할 수 있어. 그러니 생물종이 줄어든다는 건 사람의 건강과 질병 치료에 큰 도움을 주는 물질들이 사라진다는 것과 똑같은 말이겠지? 이는 돈으로는 계산할 수 없는, 생물 다양성만이 가지고 있는 독보적인 가치야.

주변을 둘러보면 동물이나 식물 하나쯤 없어지는 게 무슨 큰 문제냐고 대수롭지 않게 여기는 사람들이 가끔 있는 것 같아. 하지만 사실은 그렇지 않아. 생물이 하나둘씩 사라질수록 그만큼 지구의 토대는 무너져 내리고 자연의 생명력은 약해지는 거야. 그 속에서 인간이 안전이나 평안을 누릴 수 없다는 건 두말할 필요도 없겠지?

꼬마 시민 카페

생명의 역사를 더듬어 보자

지금 이 지구를 수놓고 있는 풍성하고도 다채로운 생명 세계는 까마득하게 먼 태초부터 지금까지 쉼 없이 이어지고 있는 오랜 진화의 산물이란다.

진화론은 영국 생물학자 찰스 다윈이 1859년에 펴낸 《종의 기원》이라는 책에서 처음 비롯되었어. 다윈은 이 책에서 우주의 생성과 사람을 포함한 모든 생명체의 탄생은 기독교 신인 하느님의 창조로 이루어진 게 아니라, 자연의 법칙에 따라 저절로 그리고 우연히 이루어진 끝임없는 변화의 결과라고 주장했어.

그래서 다윈의 이런 주장은 기독교가 지배하던 당시 유럽 세계를 발칵 뒤집어 놨지. 진화론에는 세 가지 주요 주장이 있어. 첫째는 여러 생물 가운데 환경 변화에 가장 잘 적응한 생물이 살아남아 생존한다는 것이고, 둘째는 모든 생명은 하나의 공동 조상에서 비롯되었다는 것이야. 사람을 포함한 모든 생물은 태초에 우연히 발생한 지극히 단순한 하나의 생명체로부터 분화되어 나온 진화의 산물이라는 거야. 이렇게 보면 사람도 결국은 이 세상의 다른 모든 생물과 근본적으로는 하나의 가족이라고 할 수 있겠지? 셋째로 진화 과정은 아주 긴 세월에 걸쳐 서서히 일어나는 것이지 급작스럽게 이루어지지 않았다는 거야. 진화론에 따르면, 진화는 우연히 벌어진 사건들의 연속이야. 또한 진화는 고정돼 있지 않아. 미래를 향해 끝임없이 변화하는 과정 그 자체가 곧 진화라는 거지.

대체로 지구가 탄생한 것은 45억 년 전이고, 최초의 원시 생명체가 출현한 때는 35억~38억 년 전이라고 알려져 있어. 진화론 이야기는 이 유구한 생명의 역사에 대한 상상력을 새롭게 불어넣으면서 생명에 대한 이해를 더욱 넓혀 주고 있어. 진화론에 따르면, 내가 태어나게 된 뿌리는 단순히 엄마와 아빠, 할아버지와 할머니, 그 위 몇 대 조상 정도에서 끝나는 게 아니야. 그야말로 까마득한 지구 생명의 역사를 거슬러 올라가게 되지.

내 생명의 궁극적인 뿌리는 이처럼 아득히 멀어. 사실은 모든 생명이 다 그러하지. 우리는 이렇게 서로 연결돼 있어. 지구와 생명의 역사는 이 세상이 얼마나 신비롭고 경이로운 곳인지를 새삼 일깨워 주고 있어.

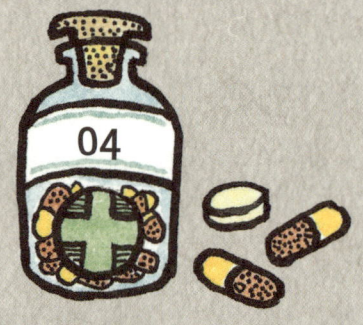

자연이 아프면
사람도 아프다

자연이 아픈 걸 사람들은 어떻게 알까?

오염된 강물 위로 떠오르는 물고기, 벌목된 숲에서 터전을 잃은 오랑우탄,

바닥을 드러낸 말라 버린 호수 등, 병든 자연을 직접 보고 느낄 거야.

자연과 사람은 서로 떼려야 뗄 수 없는 관계야.

그래서 자연이 아프면 사람도 아플 수밖에.

오염된 공기와 물을 마시고, 척박한 땅에 작물을 길러야 한다고 생각해 봐.

어때, 내 말이 맞지?

그런데 말이야, 자연이 아픈 건, 우리 사람 때문이야.

왜 그러냐고?

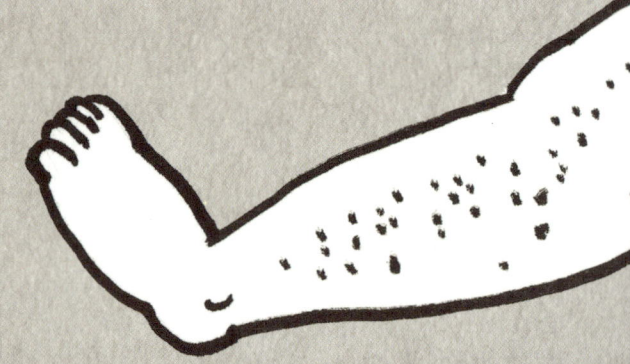

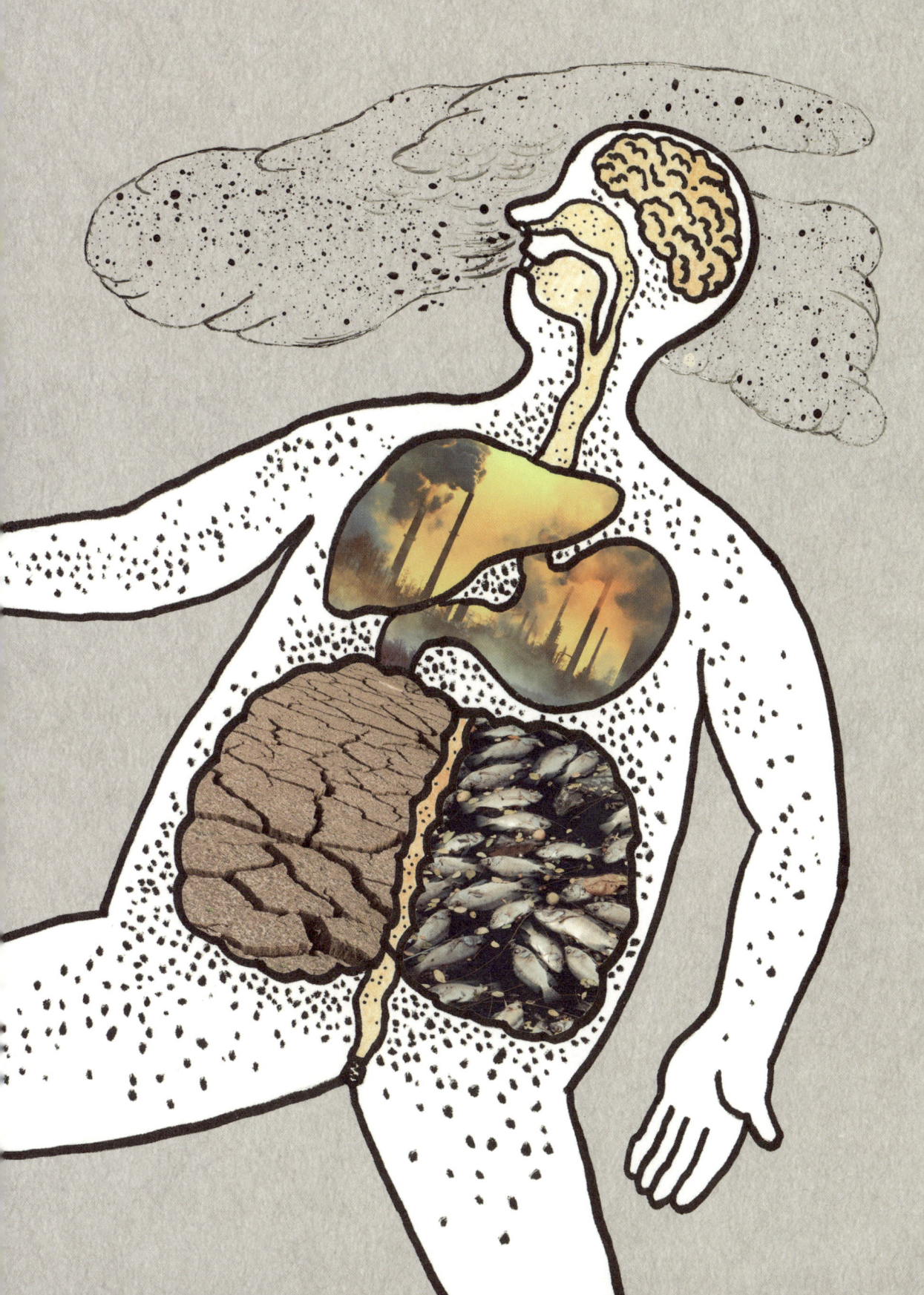

바다도 사라지고 사람도 떠나고

물이 사라진 바다를 상상할 수 있을까? 그런데 실제로 이런 바다가 있단다. 물이 사라지는 바람에 거대한 바다가 그만 황폐한 소금 사막으로 변하고 있는 중앙아시아의 아랄해가 그 주인공이야. 아랄해는 본래 세계에서 네 번째로 큰 내해(육지로 둘러싸인 바다)였어. 1960년대 초까지만 해도 면적이 우리나라의 3분의 2에 이를 정도로 광대했지. 하지만 지금은 물은 90퍼센트, 면적은 75퍼센트나 줄어들어 지도에서 아예 없애야 할 지경에 이르고 말았어.

어쩌다 이렇게 됐을까? 아랄해에는 두 개의 큰 강이 흘러들면서 물을 공급하고 있어. 아랄해는 지금은 독립한 우즈베키스탄과 카자흐스탄이라는 나라로 둘러싸여 있지만 1990년대 초까지만 해도 옛 소련의 영토였어. 그런데 소련이 1960년대부터 인근 지역을 대규모 면화 재배지로 개발하는 데 필요한 물을 끌어들이려고 이 두 강의 물줄기를 그만 돌려 버리고 말았지. 면화 농사에는 본래 물이 아주 많이 필요해. 더군다나 이곳은 옛 소련 전체 목화의 70퍼센트를 생산할 정도로 규모가 컸어. 그만큼 물도 엄청나게 많이 써야 했다는 얘기지.

이처럼 면화 농사에 물을 죄다 빼앗기다시피 하니 아랄해로 흘러들어오던 물의 양도 크게 줄어들 수밖에 없었어. 물이 줄어드니 물에 들

어 있는 소금기와 광물질 농도는 급격히 높아졌어. 이전엔 풍부했던 철갑상어와 잉어 같은 물고기들이 빠르게 사라진 건 그 당연한 결과지.

서글픈 일은 이쯤에서 끝나지 않았어. 물에 소금기가 많아지고 마실 물마저 줄어들면서 주변의 땅과 물도 화학 비료와 바이러스 같은 것들로 오염되고 만 거야. 게다가 큰 바다의 물이 급격히 줄어드니 기후마저 변했어. 여름은 더욱 메마르고 더워진 반면, 겨울은 더욱 혹독하게 추워지고 기간도 길어졌지. 소금기와 오염 물질이 뒤섞인 먼지 폭풍과 소금 바람도 한층 심해졌고. 당연히 인근 주민들 건강도 크게 나빠졌어. 그러면서 먹고살 길을 찾아 정든 고향을 등지고 떠나는 주민들이 갈수록 늘어났어. 자연에 기대어 평화롭게 고기잡이를 하며 생활하던 오랜 삶의 방식이 불과 수십 년 만에 파괴되고 만 거지.

아랄해를 망가뜨린 주범은 자연의 질서인 강의 물길을 인위적으로 바꾸고 물을 지나치게 많이 쓰면서 대규모 면화 농사를 밀어붙인 옛 소련 정부야. 게다가 요즘은 아랄해 남쪽을 둘러싸고 있는 우즈베키스탄에서 거대 기업들이 가스와 유전을

개발하느라 아랄해를 더 망가뜨리고 있다고 해. 그런데 정작 그로 인한 피해는 국가나 기업이 아니라 아무런 잘못도 책임도 없는 아랄해 주민들이 뒤집어쓰고 있어.

그러므로 아랄해를 떠난 사람들은 고향 땅을 스스로 떠난 게 아니야. 사실은 강제로 쫓겨난 '환경 난민'이라고 할 수 있지. 이처럼 자연을 죽이는 것은 사람을 죽이는 것과 다르지 않아. 특히 가난하고 힘없는 사람들을 더욱 비참한 불행으로 몰아넣을 때가 많아. 이런 사람들일수록 자연에 더 직접적으로 의존하면서 살아가는 경우가 많기 때문이지. 아랄해를 보면 사람이 지금 당장 필요한 것을 얻으려고 자연을 파괴한 대가가 얼마나 무서운지를 또렷이 알 수 있어.

'지구의 허파'가 결딴난다면

아랄해 이야기는 환경 파괴가 어떤 방식으로 이루어지며 어떤 결과를 낳는지를 상징적으로 보여 주고 있어. 이번엔 숲을 한번 살펴볼까?

먼저 숲이 얼마나 소중한지부터 알아보자. 숲은 물을 저장하고 깨끗하게 정화시키는 구실을 해. 또한 숲은 '지구의 허파'라고 할 수 있어. 이산화탄소를 흡수하는 대신 산소를 내뿜어 사람을 비롯한 수많은 생명이 살아갈 수 있게 해 주니까 말이야. 습도를 높여 주고 바람과 폭풍을 막아 기후를 조절해 주기도 해. 나무의 뿌리는 토양을 단단하게 붙잡아 안정시키고 땅의 침식과 산사태를 막아 주지. 그뿐만 아니라 숲은 세계 곳곳 원주민들의 오랜 삶의 터전이자 문화의 고향이기도 하고, 수많은 동식물이 깃들어 살아가는 곳이기도 해. 앞에서 살펴봤듯이 목재와 의약품 원료를 비롯해 우리 인간에게 필요한 수많은 물질을 제공해 주는 보물 창고라고 할 수도 있지.

특히 숲은 세계적으로 10억 명이 넘는 사람들을 실질적으로 먹여 살리는 구실을 하고 있어. 식량, 집 짓는 데 필요한 재료, 난방을 하고 음식을 만드는 데 필요한 연료, 가축의 먹이 등을 제공해 주기 때문이야. 결국, 야생 동식물뿐만 아니라 사람 또한 숲 없이는 살아갈 수 없다는 걸 잘 알 수 있지.

그런데 세계적으로 해마다 우리가 사는 남한 면적의 70퍼센트에 해당하는 규모의 숲이 사라지고 있어. 그 가운데서도 가장 심각한 곳은 열대 우림이야. 남미 아마존 유역의 광활한 열대 우림이 대표적이지. 아마존 열대 우림은 지구 전체 산소의 20퍼센트를 공급한다는 얘기가 있을 정도로 중요한 곳이야. 온갖 동식물의 천국인 것은 물론 수많은 원주민이 고유한 전통과 생활 방식을 간직하면서 살아가는 문화 다양성의 보고이기도 하지. 한데 이런 아마존 열대 우림이 최근 수십 년

　사이에 20퍼센트나 파괴됐다고 해.

　이런 일이 벌어지는 가장 큰 원인은 소를 비롯한 가축을 대량 사육하는 엄청난 규모의 방목지를 만드느라 숲을 마구 베어 내는 데 있어. 거기에다 아마존 일대 곳곳에서 석유와 지하자원을 개발하고, 도로와 산업 시설을 만들고, 도시를 넓히다 보니 숲이 급속도로 망가질 수밖에 없어. 잊지 말아야 할 것은, 우리가 이곳 대한민국에서 들이마시는 공기 중엔 지구 반대편의 아마존 원시림이 만들어 낸 산소도 들어 있다는 사실이야. 그러니 지금 아마존이 겪고 있는 일은 나와 상관없는 게 아니야. 바로 나 자신의 일이기도 해.

　멀리 떨어진 곳의 숲 파괴가 나 자신과 긴밀하게 연결돼 있다는 건 보르네오섬을 비롯한 동남아시아 열대 우림 지역에서 벌어지는 일을 통해서도 확인할 수 있어. 이곳에서는 전 세계에서 쓰이는 야자유(팜유)라 불리는 식용유의 80퍼센트 이상을 생산하고 있어. 야자유는 과자와 라면 등을 비롯한 수많은 가공식품, 샴푸, 비누, 화장품 등을 만드는 데 쓰여. 한데 이 야자유를 만들어 내는 기름야자나무 플랜테이션(대규모 농장)이 동남아 열대 우림 지역에 집중적으로 들어서고 있는 탓에 이 일대 숲이 마구잡이로 파괴되고 있어.

문제는 서구 거대 기업이 현지 국가의 정부를 등에 업고 진행하는 플랜테이션 개발이 아주 일방적이고 폭력적인 방식으로 이루어진다는 점이야. 함부로 숲을 베어 버리는 것은 물론 거추장스러운 원주민 마을들을 불도저로 밀어 버리기도 해. 보르네오섬엔 금, 은, 석유, 다이아몬드 등도 풍부하게 묻혀 있어. 이런 지하자원을 개발하는 과정에서도 숲과 그 숲에 기대어 살아가는 사람들의 삶은 어김없이 유린당하고 있어. 무자비한 개발의 칼날이 말 못하는 자연과 힘없는 사람을 동시에 못살게 굴고 있는 거지.

내가 오늘 아침 머리를 감는 데 사용한 샴푸, 친구들과 편의점에서 사 먹은 과자에도 얼마든지 야자유가 들어 있을 수 있어. 자, 그러니 나의 일상생활과 나의 조그만 행위가 저 머나먼 보르네오섬에서 벌어지는 열대 우림 파괴와 깊은 관계를 맺고 있다는 걸 잘 알겠지? 이 책에서 거듭 강조하듯이, 이처럼 모든 것은 서로 연결돼 있어.

물 없이는 살 수 없건만

물이 없다면 사람은 얼마나 살 수 있을까? 기껏해야 3~7일 정도에 지나지 않아. 그럼, 음식을 먹지 않고 버틸 수 있는 기간은 얼마나 될까? 길게는 50일이나 된다고 해. 물론 사람에 따라 차이가 크겠지만 말이야. 그만큼 물은 사람과 생물이 살아가는 데 절대적으로 중요해. 지구 전체 표면의 74퍼센트를 차지하는 게 바로 이 물이야. 우리 몸의 70퍼센트도 물로 이루어져 있지.

그런데 지구 전체의 물은 엄청나게 많지만 그 가운데 97퍼센트는 바닷물이야. 소금기가 없어 먹을 수 있는 담수, 곧 민물은 3퍼센트 정도밖에 되지 않아. 그나마 담수의 90퍼센트는 극지방의 빙하나 만년설 형태로 얼어 있는 탓에 우리가 실제로 사용할 수 있는 건 나머지 10퍼센트에 불과해. 강, 호수, 연못, 습지 등의 물과 지하수가 바로 이 10퍼센트의 물이지. 그래서 사람이 실제로 손쉽게 마시고 쓸 수 있는 물은 지구 전체 물의 0.3퍼센트에 지나지 않아.

이 물이 오늘날 커다란 위기에 빠져들고 있어. 양의 측면에서 갈수록 물이 부족해지는데다 질의 측면에서도 심각하게 오염되고 있어서야. 하지만 우리 대부분은 이런 사실을 잘 알지도 느끼지도 못해. 수도꼭지만 틀면 물이 콸콸 쏟아지는 생활 환경에 워낙 익숙해진 탓이지. 그러나 세계 여기저기엔 깨끗한 물을 구할 수 없어 극심한 고통과 불편을 겪는 사람들이 아주 많아.

이를테면, 75억에 이르는 전 세계 인구 가운데 8억 4,000만 명이 흙탕물을 마시거나 분뇨로 오염된 수도관에서 물을 받아 마시고 있어. 세계 인구의 3분의 1이 물 부족으로 고통 받고 20억이 넘는 사람이 위생 시설의 혜택을 누리지 못한다는 조사 결과도 있지. 특히 아프리카 대륙에서는 전체 10억 인구 가운데 3억 명 정도가 깨끗한 물을 제대로

마시지 못하고 있어.

부자 나라와 가난한 나라, 부유한 사람들과 가난한 사람들 사이에 물 사용이 불평등한 것도 큰 문제야. 예를 들어 한 사람당 하루 물 사용량이 미국은 평균 600리터, 유럽은 250~350리터인 데 반해 세계에서 가장 가난한 아프리카 사하라 사막 이남 지역은 10~20리터에 지나지 않아. 우리나라 사람들은 하루에 물을 얼마나 쓸까? 330리터가 넘어. 상당히 많이 쓰는 편이지?

물의 오염도 심각해. 특히 가난한 나라가 많은 아시아, 아프리카, 라틴아메리카(중남미)의 공장이나 집, 건물 등에서 나오는 폐수의 상당량은 제대로 정화되지 않은 채 그대로 강이나 바다로 흘러들어 가고 있어. 이 탓에 많은 사람이 죽거나 병에 걸리고 있어. 유엔 산하 기구인 세계 보건 기구(WHO)에서 지구상 모든 질병의 80퍼센트가 오염된 물과 관계가 있다고 보고한 적이 있을 정도지. 날마다 수천 명이 더러운 물 때문에 쉽게 예방할 수 있는 질병에 걸려 목숨을 잃는 게 현실이야.

물 문제의 또 하나의 두드러진 특징은 물이 지구상에 골고루 분포하지 않는다는 점이야. 담수가 특정 지역에만 집중돼 있다는 거지. 200개가 넘는 전 세계 나라 가운데 물이 풍부한 10개 나라의 담수 양이 지구 전체 담수의 60퍼센트가 넘는다고 해. 더군다나 전 세계적으로 250개가 넘는 강이나 호수가 한 나라가 아닌 여러 나라 사이에 걸쳐 있어. 그러다 보니 세계 곳곳에서 물을 둘러싼 분쟁이 갈수록 잦아지고 또 격렬해지고 있어. 예를 들어 어떤 나라가 강 상류에 큰 댐을 지어 강물을 통제하고 관리하면 어떤 일이 벌어질까? 그러면 그 강이 거쳐 가는 여러 나라들, 특히 하류 쪽에 자리 잡은 나라들은 강물이 줄어들어 큰 피해를 볼 수밖에 없겠지?

여기에 더해 돈벌이가 목적인 거대 기업들이 물을 상품화하고 물을 둘러싼 시스템 전반을 쥐락펴락하는 경우가 늘어나는 것도 큰 문제야. 지구촌 곳곳에서 물이 부족해지면서 막대한 자본과 힘을 지닌 이들 기업이 갈수록 물을 활용한 돈벌이 사업에 앞다투어 뛰어들고 있거든. 이들의 관심사는 사람이 아닌 돈이야. 그래서 필연적으로 물값이 크게 오르거나, 물 공급이 불안정해지거나, 물 분배가 불공평해지는 결과를 낳을 수밖에 없어. 이래저래 가난한 나라, 가난한 지역, 가난한 사람들일수록 물 문제로 더 큰 고통에 시달리게 된다는 얘기지.

지난 한 세기 동안 세계 인구는 3배가 늘었지만 물 소비량은 7배나 늘었어. 지나친 개발과 성장, 산업

화, 도시화, 가뭄, 기상 이변, 생태계 파괴, 물의 과잉 사용과 낭비 등이 복합적으로 어우러지면서 물 부족과 오염 사태가 더욱 심각해지고 있지. 이런 상황에서 한 가지 깊이 새겨야 할 사실이 있어. 물은 아무도 마음대로 소유할 수 없다는 게 바로 그거야. 물은 사람을 포함한 모든 생명체의 공동 자산이야. 그래서 물을 공평하게 분배하고 아껴 쓰는 게 아주 중요해. 물을 효율적으로 잘 관리하는 것도 필수적이고. 자연이 그러하듯이 우리는 물의 일부이고, 물은 우리의 일부야.

바다가 울고 있다

이번엔 바다로 가 보자. 넓디넓은 바다는 안녕할까? 쓰레기를 많이 버리고 물고기를 마구 잡아도 바다는 너무나 광대하기 때문에 별다른 피해가 없을 거라고 여기는 사람들이 더러 있어. 하지만 이는 착각이자 오해야. 오늘날 바다에서 울리는 비명 소리는 갈수록 커지고 있어.

바다를 오염시키는 원인의 대부분은 육지에서 발생해. 화학 물질과 중금속 같은 유해 쓰레기, 공장과 집 등에서 나오는 각종 폐수, 농사를 짓는 과정에서 버려지는 비료와 농약 등이 바다로 흘러들어 가기 때문이야. 무분별한 해안 개발과 갯벌 매립, 바다에 묻혀 있는 석유와 광물 자원의 지나친 개발, 잦은 선박 사고 등도 빠뜨릴 수 없는 원인들이지.

또 하나 중요한 것은 앞에서 살펴본 지구 온난화로 인한 바닷물 산성화야. 온난화로 바닷물 온도가 크게 올라가고, 인간 활동으로 배출되는 이산화탄소가 바다에 갈수록 많이 흡수되면서 바닷물이 지나치게 산성화되고 있다는 얘기지. 바닷물의 온도와 화학 성분이 변하면 생태계 균형이 무너지겠지? 실제로 산호와 조개 같은 생물은 단단한 껍데기나 골격이 녹아내리거나 만들기 어려워지고, 바다의 먹이 사슬 또한 크게 헝클어질 수밖에 없어.

물고기의 지나친 남획도 바다를 황폐화시키는 큰 요인이야. 그 결과 수많은 물고기가 멸종 위기로 내몰리고 있다는 경고가 계속 나오고 있어. 유엔의 조사 결과에 따르면, 식용 생선의 무려 4분의 3이 줄어들었다고 해. 전 세계의 고기잡이 배가 물고기를 비롯한 바다 자원의 지속 가능한 이용에 적절한 수보다 무려 250배나 많다고 하니, 정말 엄청나지?

이젠 바다의 가치를 다시금 되새길 때야. 바다는 지구의 생태 균형을 유지하는 데 매우 중요한 구실을 해. 무엇보다 바다는 지구 기후의 조절자야. 지구 표면의 70퍼센트를 차지할 만큼 엄청난 양의 물로 넘실대는 바다는 열기를 보유하는 능력이 아주 탁월해서 지구 기후를 조절하는 데 큰 영향을 미치지. 특히 해류 순환은 대기와 바다 사이에 대규모로 열을 교환하게 만듦으로써 지구 기후의 균형을 이루는 데 핵심적인 역할을 하고 있어.

지구상 최초의 생명이 출현한 곳도 바로 바다야. 나아가 바다는 우리가 들이마시는 산소의 거대한 공급원이기도 하고, 이산화탄소를 흡수하는 능력도 아주 뛰어나. 우리 인간에게 다양한 먹거리와 에너지, 지하자원을 제공해 준다는 건 두말할 필요도 없겠지?

이제 온갖 물고기를 싹쓸이하듯 마구 잡고, 자원을 캐내느라 바다 밑바닥을 함부로 훼손하고, 아무 생각 없이 바다에 쓰레기를 버리거나 더러운 물을 흘려보내는 일은 그만두어야 해. 바다가 아무리 넓고 깊다고 한들 자신에 대한 맹렬한 공격을 언제까지나 온전히 버틸 순 없어. 그리고 이것은 바다뿐만 아니라 지구 생태계 전체에 적용되는 얘기이기도 해.

'보이지 않는 물'을 보라

물을 가장 많이 쓰는 곳은 어디일까? 전 세계 식수의 70퍼센트는 경작지와 목초지, 대규모 농장, 비닐하우스 같은 농·축 산업 활동에 사용되고 있어. 공장 같은 산업 시설에서 쓰는 물은 22퍼센트 정도이고, 가정에서는 8퍼센트 가량을 쓰고 있지. 우리가 직접 마시고 씻고 요리하는 데 쓰는 물보다 음식이나 물건을 생산하는 데 쓰이는 물이 훨씬 더 많다는 얘기지.

예를 들어, 곡식을 재배하고 수확하여 빵 1킬로그램을 구워 내기까지는 1,000리터의 물이 필요해. 쌀 1킬로그램은 3,000~5,000리터의 물이, 쇠고기 1킬로그램은 1만3,000리터 정도의 물이 사용돼. 커피 한 잔이 우리 입에 들어오기까지 사용된 모든 물의 양은 140리터야.

이런 식으로 계산하면 햄버거엔 3,000리터, 스테이크엔 5,000리터의 물이 숨어 있어. 종이 1톤을 생산하는 데는 물 300~400톤이, 티셔츠 한 장에 들어가는 면화를 재배하려면 물 970리터가 필요해. 이렇게 따져 보면 서구 선진국 사람이 하루 동안 식사할 때 쓰는 물의 양은 무려 욕조 15개 분량에 이른다고 해.

이처럼 겉으로 드러나지는 않지만 어떤 물건이나 음식을 생산하는 데 실제로 쓰이는 물을 좀 어려운 한자어로 '가상수(假想水)'라고 해. 가상수의 관점에서 보면 우리나라를 포함한 잘사는 나라 사람들이 안락한 생활과 풍요로운 식사를 즐기는 데 사용되는 물이 엄청나다는 걸 잘 알 수 있어. 지구 곳곳 가난한 나라들에서는 물 부족으로 큰 고통을 당하고 있는데 말이야.

자연의 물은 위에서 아래로 흐르지만 감추어져서 보이지 않는 물은 돈 없는 곳에서 돈 있는 곳으로 흘러간다고 할 수 있어. 물을 구조적으로 낭비하고 불평등하게 소비하게 만드는 지금의 경제 및 산업 시스템과 상품 생산 방식을 바꾸지 않는 한 물 위기를 근본적으로 해결하기 어렵다고 얘기하는 이유가 여기에 있어. 잘사는 선진국 사람들은 전체 물 사용량의 3분의 1은 욕실에서 몸을 씻는 데 쓰고, 또 다른 3분의 1은 화장실에서 쓰며, 10퍼센트 정도는 세탁기를 돌리는 데 쓴다고 해.

정작 가장 중요한 먹고 마시는 데 쓰는 물은 전체 물 소비량 가운데 아주 적은 비중만을 차지하고 있지. 물 문제로 큰 고통과 불편에 시달리는 세계 곳곳의 수많은 사람을 떠올리면 이제 이런 물 소비 방식은 반성해야 하지 않을까?

환경에도 정의가 필요해

얼마 전 미국의 도널드 트럼프 대통령이
미국은 파리 기후 협정에서 탈퇴한다고 발표했어.
파리 기후 협정은 세계 온실가스 배출량의 90% 이상을
차지하는 195개국이 온실가스 배출량을 줄이기로 약속한 거야.
미국은 그간 온실가스를 가장 많이 배출한 나라였어.
그럼 그에 걸맞은 책임을 져야 해. 지구 온난화로 고통 받는 나라와
미래 세대, 자연 생태계를 위해 자금과 기술 등을 아낌없이 내놓아야 하는데
이렇게 무책임하게 행동하다니…….
환경에도 정의가 필요하다는 걸 모르는 걸까?

자원의 저주

"그들은 우리 모두가 행복해질 거라고 약속했지만 새빨간 거짓말이었다. 우리는 그들이 오기 전에 행복했다. 지금 우리 땅에서는 더는 곡식이 자라지 않고, 물에선 물고기가 살지 않는다. 모든 것이 파괴됐다."

누가 한 이야기냐고? 아프리카 나이지리아 남부 니제르 델타라는 지역의 오고니랜드에 사는 어느 할머니가 한 말이야. 오고니랜드는 본래 풍요롭고 비옥한 고장이었어. 50만 명에 이르는 오고니족이 오순도순 평화롭게 살아가는 삶의 터전이었지. 농사가 잘되고 물고기도 많이 잡히고 과일도 주렁주렁 열렸어. 하지만 지금은 완전히 딴판으로 변하고 말았어. 할머니가 말한 '그들'은 누구일까? 오고니랜드는 어쩌다 이렇게 됐을까?

오고니랜드엔 풍족한 게 또 하나 있었어. 바로 석유야. 아, 그런데 석유가 이 축복받은 땅을 비극으로 몰아넣는 '저주의 씨앗'이 될 줄이야 누가 알았겠어? 이 지역에 들어와 석유를 마구잡이로 캐내 간 세계적인 에너지 거대 기업 '로열더치셸'이 바로 할머니가 말한 '그들'이 거든. 1970년대에 이 지역에 들어온 셸은 수십 년 동안 석유를 아주 싼값에 퍼 올렸어. 그 덕분에 셸은 엄청나게 많은 돈을 손쉽게 벌어들였지.

하지만 그 과정에서 석유가 끊임없이 흘러나와 들과 강, 숲과 바다를 크게 망가뜨렸어. 뿐만 아니라 수많은 유정(원유를 퍼 올리려고 우물처럼 판 구덩이)에서 태우는 천연가스 불길 탓에 공기 또한 심각하게 오염됐어. 그러다 셸은 1993년 작업량을 늘리려고 파이프라인 공사를 벌였는데, 그 과정에서 그만 40일 동안이나 원유가 맨땅으로 쏟아져 나오고 말았어. 초대형 환경 사고가 터진 거지. 오고니랜드는 이 사고로 농사를 지을 수 없는 오염과 죽음의 땅으로 전락하고 말았어.

그런데 이때 등장한 사람이 있어. 이름은 켄 사로-위와. 작가이자 방송국 프로듀서이기도 했던 그는 오고니랜드에서 벌어지는 비극을 목격하면서 환경 운동가의 길로 나섰어. 켄은 돈벌이를 위해 자연과 사람을 파괴하는 거대 기업 셸의 만행을 온 세상에 알리려고 애썼어. 사람들을 이끌고 석유 사업을 중단하라는 대규모 시위를 벌이기도 했지.

하지만 당시 나이지리아를 지배하던 독재 정권은 이런 저항을 잔혹하게 짓밟았어. 셸로부터 돈을 받으며 추악한 결탁 관계를 맺고 있던 독재 정권은 결국 켄 사로-위와에게 살인 사건의 누명을 부당하게 뒤집어씌워 8명의 부족 지도자들과 함께 켄을 사형에 처하고 말았어. 그들 입장에서는 켄 사로-위와가 자기들 하는 일을 사사건건 방해하는 '눈엣가시'였기 때문이지.

하지만 켄의 죽음은 전 세계 수많은 사람에게 깊은 분노는 물론 오

고니족에 대한 공감과 연대 의식을 불러일으켰어. 특히 부도덕한 거대 자본과 부패한 권력이 저지른 만행과 오고니랜드에서 벌어진 환경 파괴의 실상이 날것으로 까발려졌지. 그럼에도 셸은 자기 잘못에 대한 책임을 인정하지 않고 발뺌과 변명만 계속했어. 우여곡절 끝에 결

국은 나이지리아에서 석유 사업을 그만두고, 오고니족에게 얼마간의 보상금을 지급하기는 했지만 말이야. 그러나 이미 때는 늦었어. 오고니랜드의 땅은 여전히 더러운 기름으로 얼룩져 있고, 오고니족의 망가진 삶 또한 별반 달라진 게 없어.

오고니랜드 이야기는 자원이 풍부한 지역의 사람들이 그 자원을 손에 넣으려는 거대 자본과 돈에 눈이 먼 권력 집단의 이기심으로 고통받는 비참한 이야기야. 이를 '자원의 저주'라 불러. 오고니랜드의 슬픈 이야기는 환경 문제를 어떤 눈으로 바라보아야 하는지를 새삼 일깨워 주고 있어. 바로 '환경 정의'라는 관점이야.

환경 문제에서 정의란?

 환경 정의란 말 그대로 환경 분야에서 정의를 실현해야 한다는 원칙이야. 민주주의, 평등, 공정함 등이 이 원칙의 골격이라고 할 수 있지. 자, 한번 생각해 봐. 환경이 오염됐을 때 그 피해는 누구한테나 똑같이 돌아갈까? 반대로 환경을 잘 보전했을 때 그로 인한 이득과 혜택은 누구한테나 똑같이 돌아갈까? 답은 두 경우 모두 '그렇지 않다.'야. 만약 이때의 피해가 가난한 사람 같은 경제적 약자나 권력도 영향력도 없는 정치·사회적 약자에게 떠넘겨진다면 어떻게 될까? 반대로 이득과 혜택은 부자나 힘센 사람들이 독차지한다면?

 환경 정의는 환경 문제와 관련해 벌어지는 정의롭지 않고 불공정한 현실을 바로잡으려는 문제의식에서 비롯했어. 환경 보전의 혜택을 누리고 환경 파괴에 따른 피해를 나누는 일이 공정하고 평등해야 한다는 얘기지. 아울러 이를 둘러싼 의사 결정도 관계되는 모든 사람이 참여한 가운데 민주적이고 투명하고 공정한 절차에 따라 이루어져야 한다는 점을 강조해.

 이런 환경 정의 원칙이 적용돼야 할 경우는 계층 사이, 인종 사이, 지역 사이, 나라 사이 등 아주 다양해. 그러니까 부유한 사람과 가난한 사람, 백인과 흑인을 비롯한 유색 인종, 주류 지배 민족과 비주류

소수 민족, 다수자와 소수자, 힘세고 잘사는 지역과 힘없고 못사는 지역, 강대국과 약소국 사이 등에 차별이 있어서는 안 된다는 거지. 어린이, 노인, 여성 등을 비롯한 생물학적 약자에 대한 배려도 중요해. 나아가 현세대와 미래 세대 사이, 인간과 자연 사이의 형평성도 중요하게 여기는 게 환경 정의 정신이야.

　환경 정의 운동이 처음 시작된 곳은 미국이야. 1970년대 중반 이후 가난한 사람과 흑인이 모여 사는 지역의 대기 오염이 백인 거주 지역보다 훨씬 심하다는 연구 결과가 발표되면서 관심을 끌기 시작했지. 그러다 1980년대 들어 몸에 해로운 독성 폐기물을 처리하는 시설이 흑인을 비롯한 유색 인종과 저소득층이 사는 곳에 치우쳐 몰려 있다는 것이 확인되면서 더욱 활발해졌어.

특히 1982년 미국 동부 노스캐롤라이나주의 워렌 카운티라는 곳에서 암을 일으키는 유독 물질을 처리하는 쓰레기 매립장이 들어서는데 반대하며 시위를 벌이던 흑인들이 500명이나 체포되는 사건이 벌어졌어. 1985년에는 어느 거대 화학 기업이 유독 물질을 쏟아 내는 바람에 대부분 흑인으로 이루어진 인근 주민 130여 명이 병원으로 실려 가는 사건이 터지기도 했고. 이런 일들이 쌓이면서 사람들의 분노가 들끓어 오르기 시작했고 환경 정의를 이루자는 운동이 한층 뜨겁게 펼쳐졌지.

그렇다면 우리나라는 어떨까? 우리나라도 환경 정의가 중요하긴 마찬가지야. 쓰레기 매립장이나 소각장, 원자력 발전소, 핵폐기물 처분장, 고압 송전탑 같은 시설을 가난한 사람들이 살거나 정치·사회적으로 힘이 약한 농촌, 도시 외곽 지역, 섬, 바닷가 등지에 우선적으로 건설하는 일이 자주 일어나기 때문이야.

장소도 그렇지만 이런 일을 추진하는 과정과 절차도 아주 중요해. 사람들은 대체로 이런 시설이 자기가 사는 곳에 들어오는 것을 반대하기 마련이야. 그래서 이런 일을 추진할 때에는 해당 지역 주민을 비롯해 관계되는 사람들이 모두 참여한 가운데 민주적인 토론을 거치는 과정이 반드시 필요해. 특히 추진하는 사업과 관련된 정보와 의사 결정 과정을 투명하게 공개하는 것도 아주 중요해. 극소수의 정책 결정

자나 전문가가 자기들끼리만 모여 밀실에서 의사 결정을 내린 뒤 일방적이고 강압적으로 일을 추진하면 어떻게 될까? 커다란 갈등과 분쟁을 피할 수 없겠지? 여태껏 우리가 숱하게 경험해 온 일이야.

'기후 정의'란 말을 들어 봤나요?

지구촌 환경 위기의 대명사인 기후 변화도 환경 정의의 눈으로 들여다보면 기후 변화의 문제점이 뭔지를 보다 명료하고 체계적으로 이해할 수 있어.

앞에서도 말했듯이 기후 변화를 일으킨 주범은 그간 온실가스를 펑펑 내뿜어 온 선진 산업국들이야. 세계 인구의 20퍼센트에 불과한 선진국 사람들이 지구 전체 에너지와 자원 소비의 80퍼센트를 차지하고 있지. 좀 더 구체적으로는 이산화탄소 배출량 상위 10개 나라가 세계 전체 배출량의 67퍼센트를 차지하는 데 반해, 200개가 넘는 나머지 나라들의 배출량은 모두 합쳐도 33퍼센트에 지나지 않아.

이런 상황에서 후진국이나 개발 도상국들은 이제 좀 잘살아 보겠다고 경제 성장을 이루려 하고 있어. 한데 지구 온난화가 갈수록 심각해지면서 그만 모든 나라가 온실가스 배출을 줄이지 않으면 안 되는 처지에 놓이게 되었어. 20퍼센트의 선진국이 저질러 놓은 일의 책임을 수많은 나머지 나라가 함께 지게 된 셈이지. 정작 이들 나라는 온실가스 배출량이 그리 많지도 않은데 말이야.

그래서 앞에서 소개한 투발루와 키리바시 사람들은 이렇게 항변하고 있어. "우리한테 무슨 죄가 있죠? 지구 온난화를 일으킨 건 잘사는 선진국들인데, 그 피해는 왜 가난한 우리가 뒤집어써야 합니까?" 자, 이건 나라들 사이의 불공평이야.

한편, 이런 선진국들은 주로 북아메리카와 유럽 등지에 몰려 있어. 반면에 가뭄, 홍수, 태풍을 비롯해 기후 변화에 따른 기상 이변과 자연재해 피해가 가장 큰 곳은 동남아시아, 남아시아, 아프리카, 라틴 아메리카 등에 집중돼 있어. 이건 지리적이고 공간적인 불공평이야. 또한 선진국들은 기후 변화를 다루는 국제 회의나 세계적인 정책 결정에서 개도국이나 후진국에 비해 훨씬 큰 영향력과 권한을 행사하고 있어. 이건 의사 결정 과정에서 나타나는 불공평이야.

세대 사이에도 불공평이 있어. 에너지 소비로 풍요와 편리를 누리는 건 현세대야. 하지만 그로 인한 기후 변화 피해와, 그 피해를 줄이기 위한 노력이나 비용 부담 등은 갈수록 미래 세대 몫으로 떠넘겨지잖아? 미래 세대 입장에서는 아주 억울한 노릇이지. 이건 시간적이고 역사적인 불공평이라고 할 수 있어.

 이뿐만이 아니야. 사람은 상대적으로 기후 변화를 더 잘 이겨 낼 수 있어. 기후 변화에 대처할 수 있는 여러 기술적이고 경제적인 능력을 갖추고 있으니까 말이야. 하지만 다른 동식물은 어때? 기후 변화의 영향을 고스란히 맨몸으로 받을 수밖에 없잖아? 기후 변화를 일으킨 건 인간인데 그 피해는 다른 동식물에게 훨씬 더 크게 돌아간다는 얘기지. 이건 인간과 인간 이외 생물종 사이의 불공평이야.

이렇게 보면 결국 기후 변화는 단순한 환경 문제에서 그치는 게 아니야. 정의의 원칙과 민주주의라는 가치가 적용돼야 할 정치 문제이기도 하고, 사회 문제이자 경제 문제이기도 해. 그러므로 이제 온실가스를 많이 배출하는 나라는 그에 걸맞은 책임을 져야 해. 자기가 배출한 온실가스로 고통받는 나라와 미래 세대, 그리고 자연 생태계를 위해 자금과 기술 등을 아낌없이 내놓아야 한다는 얘기지. 온실가스 배출량이 세계 9위인 우리나라도 예외가 아니야. 이것이 기후 변화가 요구하는 환경 정의, 곧 '기후 정의'를 실천하는 길이야.

인간과 자연과 사회의 어깨동무를 위하여

이번엔 원자력 발전을 한번 살펴볼까? 원자력 발전은 방사능과 핵폐기물이라는 '죽음과 파괴의 물질'을 끊임없이 만들어 내기 때문에 아주 위험해. 그래서 한 번이라도 사고가 나면 상상할 수도 없는 엄청난 대재앙을 피할 수 없어.

그런데 지금 우리나라에서 운영하고 있는 25개 원자력 발전소가 자리 잡고 있는 지역은 전라남도 영광, 경상북도 울진과 월성, 부산 외곽의 고리 등이야. 모두 사람이 많이 살지 않는 바닷가 고장이지. 물론 국토가 좁은 탓에 그리 멀지 않은 곳에 인구 밀집 지역이 있긴 하지만 말이야. 이들 지역은 사람이 많이 살지 않으니 전기를 많이 쓰지도 않아.

여기서 기억할 것은, 원전에서 만들어진 전기 대부분은 원전이 있는 곳에서 쓰이는 게 아니라 서울과 수도권을 비롯해 전기를 많이 쓰는 대도시나 산업 밀집 지대로 보내진다는 점이야. 실제로 서울을 포함한 수도권이 우리나라 전체 전기 생산에서 차지하는 비중은 5퍼센트에 지나지 않지만 소비에서 차지하는 비중은 32퍼센트나 돼. 한마디로 전기를 생산하는 지역과 소비하는 지역이 일치하지 않는다는 얘기지.

문제는 원전 지역 주민들이 자신들이 쓰지도 않는 전기를 생산하느라 무릅써야 할 위험과 손실이 너무 크다는 점이야. 이들은 원전 사고와 방사능 누출 위험을 가장 크게, 그리고 가장 직접적으로 안고 살아가고 있어. 반면에 서울을 비롯한 대도시 사람들은 방사능 걱정 없이 이런 위험한 곳에서 만든 전기를 맘껏 쓰고 있지. 이게 공평한 일이 아니라는 건 두말할 필요도 없겠지?

원자력 발전소나 핵폐기물 처리장 건설을 둘러싸고 찬성과 반대 여론이 갈리는 바람에 이런 시설이 들어선 지역의 주민과 공동체가 분열되는 것도 큰 문제야. 게다가 엄청난 위험과 비용 부담을 미래 세대와 자연에 떠넘기는 데서 발생하는 불공평 문제도 다시 한 번 강조할 수 있겠지.

이런 이야기가 우리에게 던지는 메시지는 명쾌해. 지금 우리가 전기를 생산하고 소비하는 방식은 누군가의 커다란 희생을 바탕으로 유지되고 있다는 거야. 그리고 이것은 방금 언급한 기후 변화 문제에도 마찬가지로 적용할 수 있는 얘기이기도 해. 환경 정의는 이처럼 환경 문제 본질과 구조, 맥락뿐만 아니라 나 자신의 삶과 환경 문제가 어떻

게 연결되는지도 잘 가르쳐 주고 있어. 그래서 환경 정의의 눈으로 보면 환경 문제를 보다 입체적이고도 깊이 있게 이해할 수 있어.

나아가 환경 문제를 풀어가는 데서도 정의, 평등, 윤리, 인권, 민주주의 같은 가치들이 아주 소중하다는 걸 새삼 일깨워 주는 게 환경 정의야. 즉, 인간과 자연과 사회가 서로 조화와 균형을 이루며 사이좋게 어깨동무하는 세상, 생태적으로 지속 가능한 동시에 정의롭고도 민주적인 세상을 만들자는 게 환경 정의의 목적이라는 얘기지. 이런 환경 정의 운동은 단순히 자연 생태계만 살리는 환경 운동이 아니라 사람과 사회를 동시에 살리는 환경 운동을 중시한다는 점에서 오늘날 많은 이들로부터 큰 주목을 모으고 있어.

자 그럼, 환경 정의의 주요 내용을 다시 정리해 보자.

- 환경 오염의 피해와 환경 보전의 혜택은 모두 공정하고 평등하게 나누어져야 한다.
- 환경 문제와 관련된 일을 처리하는 과정은 민주적이고 투명해야 한다.
- 가난한 사람과 약자를 소중히 여기는 환경 정책과 환경 운동을 펼쳐야 한다.
- 그래서 환경 정의 운동은 자연과 사람과 사회를 동시에 살리고자 하는 운동이다.

꼬마 시민 카페

'물 전쟁'에 얽힌 환경 정의 이야기

볼리비아는 남미 대륙에서 석유와 천연가스를

두 번째로 많이 보유한 자원 부국이야.

하지만 아주 가난하고 빈부 격차가 극심한 나라이기도 해.

이런 볼리비아에서 지난 2005년 남미 정치사에 길이 남을 기념비적인 사건이

벌어졌어. 중남미 지역을 오랫동안 식민 통치한 스페인계가 아닌 인디오계 원주민

대통령이 남미 역사에서 처음으로 선출된 거야.

에보 모랄레스가 그 주인공이지. 어떻게 이런 일이 일어날 수 있었을까?

볼리비아는 1982년에 100년이 넘는 지긋지긋한 군사 독재가 끝났어.

하지만 물가가 오르는 등 혼란이 계속됐고, 해외 투자도 끊겨 볼리비아 정부는

세계은행에서 돈을 빌리기로 했는데, 세계은행은 돈을 빌려 주는 대신 공공

서비스를 민간 기업에 넘겨 효율성을 높이라고 했지.

이에 따라 1999년 볼리비아 제3의 도시 코차밤바의 물은 미국의 거대 기업에

넘어갔어. 이들 기업은 코차밤바의 모든 물은 자기들 것이라고 주장하면서 시냇물과

강물을 개인이 함부로 쓰지 못하게 했어. 빗물을 모으는 것조차 막았고, 마을마다 있는 공동 우물도 사용하지 못하게 했어. 대신에 수도세, 물값은 매달 평균 35퍼센트씩이나 올렸어. 그 결과 물값이 세 배나 껑충 뛰고 말았지. 사람들은 수입의 5분의 1을 물값으로 내야만 했고, 돈을 내지 못하는 수많은 집에 물 공급이 끊겨 버렸어.

참다못한 주민들은 물 사유화에 맞서 싸우기 위해 거리로 나섰어. 정부는 강제 무력 진압에 나섰고, 계엄령까지 선포했지만, 분노한 주민들의 시위는 갈수록 격렬해지고 끈질기게 이어졌지. 결국 정부가 주민 요구를 받아들이며 기업들의 상하수도 운영권은 박탈됐고, 지역 공동체는 물 운영 권리를 되찾았어.

온 세계가 주목한 코차밤바 물 전쟁은 그렇게 시민의 승리로 끝났어.

에보 모랄레스는 물 전쟁이 벌어질 당시 그 지역을 대표하는 국회 의원이었어. 물 전쟁이 기폭제가 되어 그 뒤 전국적인 정치 지도자로 발돋움하고, 결국 대통령 자리에까지 오르게 되지. 이 싸움은 물이라는 '공적인 환경 자산'을 돈벌이를 위해 사적인 소유물로 만들려는 거대 자본의 탐욕과 횡포를 온 세상에 고발했어.

코차밤바 물 전쟁에서 시민들이 물 사용 권리를 되찾는 것은 민주주의와 정의를 바로 세우는 것이었어. 이들이 자기 지역의 환경 자산을 보호하는 것은 삶의 행복과 공동체의 평화를 지키는 것과 마찬가지였어. 이런 것이 바로 환경 정의야.

지속 가능한 지구로 가는 길

역사상 가장 큰 '지구 정상 회의'가 1992년에 브라질 리우에서 열렸어.

'리우 회의'에선 심각한 지구 환경 문제의 해결책으로

'지속 가능한 발전'이란 개념을 찾았지.

미래 세대에 해를 끼치지 않는 범위 안에서 발전을 이루자는 거야.

한계가 있긴 하지만 지구 환경 문제에 대한

나름의 해결책을 제시한 거지.

그런데 왜 아직도 지구 환경 문제는 해결될 기미도 보이지 않는 걸까?

여기선 그 이유에 대해 낱낱이 살피고,

지속 가능한 지구로 가는 길을 알아보도록 하자.

비극의 섬

나우루는 남태평양에 있는 인구 1만여 명의 작고 외딴 섬나라야. 이 나라는 30~40년 전만 해도 세계에서 가장 잘사는 나라로 손꼽힐 정도였어. 하지만 지금은 세계에서 가장 가난하고 비참한 나라 가운데 하나로 전락하고 말았어. 세계 역사에서 정말 찾아보기 힘든 일이지. 이 섬에서 무슨 일이 벌어진 걸까?

나우루 사람들은 어느 날 섬에 인광석이라는 지하자원이 엄청나게 많이 묻혀 있다는 걸 알게 되었어. 태평양을 날아다니다 이곳에 들른 수많은 철새의 배설물이 오랜 세월을 거치면서 땅에 스며들어 만들어진 거지. 근데 이 인광석은 비료를 만드는 데 반드시 들어가야 할 물

질이야. 산업화된 현대 농업에서 비료 없이 농사를 지을 순 없으니 온 세계가 필요로 하는 자원인 셈이지. 그러니 나우루로서는 이 인광석을 캐내서 팔기만 하면 엄청난 돈을 가만히 앉아서 벌 수 있게 되었어.

　이것이 비극의 시작이었어. 풍부한 인광석 덕분에 너무나 손쉽게 벼락부자가 된 나우루 사람들은 이제 땀 흘려 일할 필요가 없어져 버렸어. 그래서 그저 먹고 마시고 노는 것만 즐기기 시작했어. 게다가 돈이 차고 넘치니 모든 게 공짜로 주어졌어. 우리나라 울릉도의 3분의 1밖에 안 되는 좁은 섬에서 집집마다 자동차를 몇 대씩 굴리는 바람에 몇 발짝 움직이는 것도 귀찮아했다지. 청소나 빨래 같은 집안일마저 나라가 월급 주고 고용한 외국인 이민 노동자가 대신 해 주었어. 그리고 그 와중에 먹거리는 패스트푸드와 가공 음식 중심으로 바뀌고 말았어.

　그러니 사람들이 어떻게 되겠어? 이곳 사람들 대다수가 뚱뚱보가 되었고, 당뇨병 같은 무서운 병에 걸리고 말았어. 몸은 움직이지 않으면서 나쁜 음식만 먹어 대니 이건 당연한 결과겠지? 거기에다 돈 욕심에 눈이 멀어 앞뒤 가리지 않고 인광석을 캐내는 바람에 결국은 자원이 바닥이 나고 말았어. 마구잡이로 파헤쳐진 땅은 폐허처럼 변했고. 돈다발이 안겨 주는 달콤한 소비와 사치에 중독돼 흥청망청 편하게만 살던 부자들이 그만 쫄딱 망해 거지 신세가 되고 만 거야. 이제 남은 건 파괴된 자연과 병든 사람, 그리고 비참한 가난뿐이야. 그리하여 오늘날 나우루는 눈앞의 이익과 안락을 위해 자연을 마구잡이로 약탈하면서 미래를 팔아넘긴 대가가 얼마나 가혹한지를 생생하게 보여 주는 비극의 섬으로 남아 있어. 여기서 우리가 던져야 할 질문은 이거야. 지금 우리 인류가 가고 있는 길은 나우루와 다를까?

지속 가능한 발전의 겉과 속

오늘날 인류가 나우루와 같은 파국적 재앙으로 치닫고 있다고 우려하는 많은 사람이 새로운 해결책을 찾아 나서고 있어. 그런 노력의 결실 가운데 대표적인 것이 지난 1992년 6월에 열린 이른바 '리우 회의'야. 브라질 리우데자네이루에서 열린 이 회의는 전 세계에서 정부 대표들은 물론 민간 시민 단체 사람들도 대거 참여한 역사상 가장 큰 '지구 정상 회의'였지.

여기서 채택된 것이 '지속 가능한 발전'이란 개념이야. 이 용어는 환경 문제를 얘기할 때 자주 나오기 때문에 잘 알아 두는 게 좋아. 이 말

을 국제 사회에서는 공식적으로 "미래 세대의 필요를 충족시킬 수 있는 가능성을 손상시키지 않는 범위 안에서 현세대의 필요를 충족시키는 발전"이라고 정의하고 있어. 쉽게 풀어서 설명하면, 지금 우리가 필요에 따라 경제 성장과 발전을 하더라도 자연을 지나치게 파괴함으로써 지구 생태계가 감당할 수 있는 수준을 넘어서거나, 미래 후손들이 누려야 할 몫까지 손상시키면 안 된다는 거야.

이에 따라 지속 가능한 발전에서는 선진국과 개발 도상국, 현세대와 미래 세대, 인간과 다른 생물 사이의 형평성을 강조해. 또한 환경 보전(생태적 지속 가능성)은 물론 사회 정의(사회적 지속 가능성)와 경제 정의(경제적 지속 가능성) 같은 것들도 중요하게 여겨. 정리하면, 인류의 삶의 터전이 훼손되는 걸 막고 현세대와 미래 세대 모두 가난이나 굶주림이 없는 세상에서 평화롭고 행복하게 살자는 것이 지속 가능한 발전의 뜻이라고 할 수 있지.

한데, 이런 노력에도 불구하고 지구 환경은 그다지 나아지지 않고 있어. 왜 그럴까? 가장 큰 문제는 지금 세상을 지배하는 것이 돈의 힘이라는 데 있어. 오늘날 세계 자본주의 경제를 움직이는 가장 강력한 원동력은 돈을 최대한 많이 버는 게 최고라는 이윤 극대화 논리야. 그 속에서 많은 사람이 끝없는 성장과 개발을 바람직한 것으로 떠받들고, 더 많은 소유와 소비를 행복의 잣대로 여기고 있어. '지속 가능한 발전'마저도 실제 현실에서는 환경 보전보다 지속적인 경제 발전과 성장을 더 중시하고 있어 그 비판이 높아지고 있단다. 오늘날 전 지구를 호령하고 있는 세계화 경제는 더욱 파괴적이고 낭비적이야. 특히 지금의 경제 시스템에서는 강한 자와 이긴 자가 지나치게 많은 몫을 독차지하다시피 하고 있어. 수많은 사람이 끝없는 경쟁에 시달리고, 극심한 양극화와 불평등으로 고통받으며, 늘 뭔가에 쫓기면서 공포와 불안에 짓눌려 사는 건 이런 세상이 만들어 낸 당연한 결과야.

개인이든 사회든 이처럼 돈, 경쟁, 성장 따위가 주인 노릇하는 악순환의 굴레에서 벗어나지 못한다면 지구의 지속 가능한 미래는 기대하기 어려워. 왜냐고? 이것들은 기본적으로 자연과 사람을 망가뜨리고 지구를 괴롭힘으로써만 얻어지고 이루어지는 것들이기 때문이야. 그래서 이제 이런 사회 경제 시스템은 물론 생활 양식과 가치관 같은 것들도 근본적이고 전면적으로 바꾸어 나가야 해.

성장의 한계와 생태 발자국

여기서 무엇보다 중요한 건 '성장의 한계'를 분명히 인식하는 일이야. 사실, 현대 산업 문명을 떠받치는 경제 시스템의 가장 큰 문제는 끝없이 성장하지 않으면 굴러갈 수 없다는 사실이야. 왜냐하면 양적인 성장만을 추구하는 것이 지금의 주류 경제인 자본주의 경제 체제의 본질이기 때문이야. 지금의 경제는 무슨 특별한 목표나 고귀한 목적이 있어서 성장을 추구하는 게 아니야. 그저 성장을 위한 성장을 계속할 뿐이지. 그런데, 끝없는 성장이 가능할까?

지구는 단 하나뿐이야. 바닥나고 있는 석유가 상징하듯이 자원 또한 무한한 게 아니야. 이건 너무나 명백한 사실이잖아? 그러니 지구가 허용하는 생태적 용량을 넘어서는 성장은 지구를 망가뜨릴 수밖에 없어. 결국은 그 지구를 삶의 터전으로 삼는 모든 생명을 위기로 몰아넣을 수밖에 없어.

게다가 이미 우리는 성장이 없거나 크게 무뎌진 경제를 오랫동안 경험하고 있어. 이는 우리나라뿐만 아니라 세계 경제 전반의 필연적이고도 장기적인 추세야. 세계 경제를 이끄는 자본주의 체제의 위기 또한 갈수록 깊어 가고 있기 때문이지. 그래서 이제 개인이든 나라든 성장 없는 삶에 적응할 줄 알아야 해. 한마디로 말하면, 무한한 성장은 더는 가능하지도 않고 바람직하지도 않아.

이쯤에서 '생태 발자국'이라는 걸 소개하고 싶어. 이것은 인간이 살아가는 데 필요한 자원을 생산하고 쓰레기를 처리하는 데 드는 모든 비용을 땅의 넓이로 계산해서 수치로 나타낸 거야. 그러니까 이 수치가 높을수록 자연 생태계가 많이 파괴됐다는 걸 뜻하지. '세계 야생

동물기금'이라는 국제 환경 단체의 조사 결과에 따르면, 세계 전체적으로 지금의 생태 발자국이라면 지구가 1.5개 필요하다고 해. 그리고 지금 추세가 계속된다면 2030년에는 지구가 2개, 2050년이면 지구 3개가 필요하게 될 거라고 해. 모든 인류가 미국 사람의 생활 수준을 누리려면 지구 5개가 필요하고, 우리나라 사람들처럼 살려면 지구가 2.5개 필요하다는 조사 결과도 나와 있지.

모두 인간의 욕구와 필요만 앞세워 나무가 다 자라기도 전에 베어 내고, 태어나는 것보다 더 많은 물고기를 잡으며, 다시 채워지지도 않는 석유 같은 화석 연료를 지구가 감당할 수 없을 정도로 많이 쓰는 탓에 그런 거야. 이런 판국에 깊은 반성이나 근본적인 전환 없이 앞으로도 계속 달콤한 성장과 소비에 중독돼 흥청망청 살아간다면 어떻게 될까? 우리에게도 나우루의 비극이 들이닥치지 말란 법이 있을까?

잔치는 끝났다

찬찬히 따져 보면, 여태껏 우리를 지배해 왔지만 이제는 서서히 막을 내리고 있는 중요한 환상이 몇 가지 있어. 대체로 다음과 같은 것들인데, 이제까지 한 이야기를 다시 한 번 되새기는 내용이기도 해.

- 모든 사물은 화폐, 곧 '돈'이라는 획일적 단위로 측정하고 계산하고 표현할 수 있다.
- 끝없는 성장은 가능할 뿐만 아니라 바람직하며, 경제 성장과 과학 기술 발전은 인류의 거의 모든 문제를 해결해 줄 것이다.
- 자연은 경제 성장과 인간의 욕구 충족을 위해 무한정으로 착취하고 개발하고 이용해도 된다.
- 인간은 경제 성장을 위해 쓰여야 할 한낱 '노동력'에 지나지 않는다.
- 행복과 삶의 질을 규정하는 핵심 요소는 물질의 소유와 소비다.

바로 이런 생각이 그동안 우리 인류에게 '신나는 잔치판'을 열어 줬다면 이젠 '잔치 이후'를 준비할 때야. 기후 변화를 비롯한 지구적 환경 위기, 석유 고갈로 상징되는 에너지와 자원 위기 등이 경고하고 있듯이, 바야흐로 잔치는 끝나가고 있거든.

이제 이런 환상에서 벗어나 우리가 추구해야 할 것은 돈이 아닌 '사람의 얼굴'을 한 인간적인 경제, 자연의 한계를 깊이 인식하고 지속 가능성을 추구하는 생명의 경제, 소박함과 비폭력을 핵심 원리로 하는 평화의 경제야. 즉, 자연과 조화와 균형을 이루는 생태적 경제, 인간의 진정한 행복과 삶의 질을 높이는 지혜롭고도 정의로운 경제를 만들어 나가야 한다는 얘기지.

물론, 사람이란 당장의 끼니를 걱정할 만큼 절대적으로 가난해서는 행복할 수 없어. 생활하기에 커다란 어려움이나 불편이 없을 정도의 경제적 조건은 갖추어야겠지. 사실, 기본 생존에 필요한 소비조차 제대로 할 수 없는 극심한 가난에 시달리는 사람이나 나라 입장에선 성장의 한계 운운하는 얘기가 어떻게 받아들여질까? 현실적이지도 않고, 또 어쩌면 부당한 요구로 여겨질 수도 있지 않을까? 이 점은 우리가 깊이 주의해야 할 대목이기도 하고 중요한 생각 거리이기도 해.

기억해야 할 것은, 이 세상의 부(富) 자체가 모자라는 건 아니라는

사실이야. 부의 공평한 분배만 이루어진다면 세상 사람들 모두 그리 큰 어려움이나 불편 없이 살아갈 수 있어. 식량 문제가 딱 그래. 지금 전 세계에서 생산되는 식량의 양은 세계 전체 인구의 두 배를 먹여 살릴 수 있을 정도야. 그런데도 세계 곳곳에 굶주리는 사람이 넘쳐나는 것은 식량의 분배가 공평하게 이루어지지 않기 때문이야.

부족한 것은 식량이 아니야. 진정으로 부족한 것은, 가장 중요한 기본권인 먹을 권리를 모든 사람에게 공정하고 평등하게 보장해 줄 민주주의와 정의야. 문제의 핵심은, 극소수 강자가 대다수 약자를 가난과 고통으로 몰아넣으면서 이 세상에서 생산된 부의 대부분을 빼앗아 가는 잘못된 세계 경제 구조에 있다는 얘기지.

녹색 미래의 열쇠

어쨌거나 이건 분명한 사실이 아닐까 싶어. 성장을 많이 하고 소득을 높이는 것, 많이 갖고 많이 쓰는 것, 곧 지나친 물질의 풍요를 우상숭배하며 끝도 없이 앞으로 달리기만 한다면, 그건 어리석은 일이라는 게 그거야.

함께 생각해 보자. 먼저, 우리에겐 얼마나 있어야 충분할까? 즉, 우리는 얼마나 많이 소유하고 소비해야 충분할까? 다음, 우리는 얼마나 누려야 만족할까? 즉, 우리는 얼마나 더 편리하고 안락해져야 만족할까?

자, 한쪽에는 큰 집, 새 차, 비싼 옷, 진귀한 음식, 첨단 전자 제품, 고급 가구, 호화로운 해외여행 같은 것들이 있다고 해 봐. 그리고 또 다른 쪽에는 건강, 가족이나 친구들과의 사랑과 우정, 이웃들과의 친밀한 교류, 넉넉한 여가와 여유, 자연과의 어울림, 좋아하는 취미 생활과 문화 활동, 하고 싶은 일을 하는 데서 오는 충족감, 내가 가치 있다고 생각하는 공적인 일에 대한 참여 같은 것들이 있다고 해 봐. 이 둘 중에 어느 쪽이 더 소중할까? 아, 둘 다 소중하다고? 물론 그렇겠지. 하지만 굳이 선택한다면 아무래도 뒤의 것들 중에서 꼽는 게 더 많지 않을까? 마음 깊은 곳에서 우러나는 참된 만족감과 즐거움, 그런 제대로 된 행복과 평화를 누리며 사는 게 진짜 멋진 삶이니까 말이야.

경제 성장이나 물질의 풍요는 그 자체로서 목적이 아니라 인간의 행복과 더 좋은 삶을 위한 수단이야. 만약에 이것이 뒤바뀐다면 '좋은 하인'이어야 할 돈이 '나쁜 주인'이 되는 셈이겠지?

이제 우리는 무턱대고 앞으로 내달리기만 해서는 안 돼. 그렇게 달려가는 길의 끝에는 무엇이 기다리고 있는지, 그리고 도대체 왜, 무엇을 위해 달리는지를 되살펴 봐야 한다는 얘기지. 충분한 것을 너무 적다고 여기는 사람에게는 아무리 많은 것도 충분하지 않을 거야. 지금은 참된 행복이란 무엇인지를 성찰하고, 그 행복에 이르는 길을 다시금 찾아봐야 할 때야.

아울러, 세상을 어떤 방향과 내용과 방식으로 바꾸어 나갈 것인지를 궁리하는 것도 중요해. 사람이란 본래 사회적 존재, 곧 관계적 존재잖아? 세상이 온통 망가졌는데 나 혼자 온전할 수 있을까? 세상 사람들이 다 불행한데 나 혼자 행복할 수 있을까? 그러므로 세상을 바꾸는 것은 나 자신의 행복을 위해서도 반드시 필요한 일이야.

우리는 환경을 파괴하지 않고서도 건강하고 튼튼한 경제를 만들 수 있어. 그리고 이를 바탕으로 신나고 재미있는 세상을 일굴 수 있어. 탐욕과 이기심과 경쟁 의식을 줄일 때, 자연을 아끼고 존중하고 배려할 때, 행복과 평화는 더 가까워지기 마련이야. 이 지구와 우리 인류가 살 길이 여기에 있지 않을까? 진정으로 지속 가능한 녹색 미래를 열어 갈 수 있는 열쇠 또한 여기에 있지 않을까?

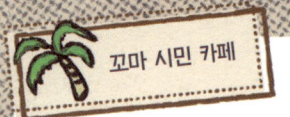

'위험 사회'를 넘어서

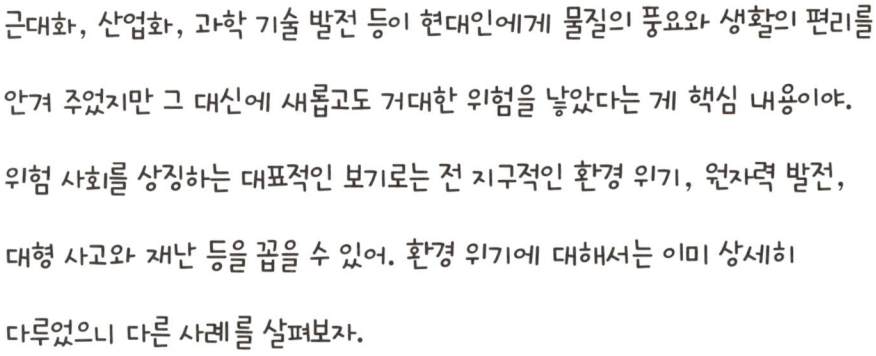

현대 사회를 설명하는 중요한 개념 가운데 '위험 사회'란 게 있어. 독일 사회학자 울리히 벡이 내놓은 이론이지. 근대화, 산업화, 과학 기술 발전 등이 현대인에게 물질의 풍요와 생활의 편리를 안겨 주었지만 그 대신에 새롭고도 거대한 위험을 낳았다는 게 핵심 내용이야. 위험 사회를 상징하는 대표적인 보기로는 전 지구적인 환경 위기, 원자력 발전, 대형 사고와 재난 등을 꼽을 수 있어. 환경 위기에 대해서는 이미 상세히 다루었으니 다른 사례를 살펴보자.

지난 2011년 3월 11일, 일본 동북부 후쿠시마 원자력 발전소에서 또 다시 대형 사고가 터졌어. 그날 이 지역 앞바다에서 발생한 초대형 지진과 쓰나미라 불리는 지진 해일이 직접적인 원인이었지. 사고 수습이 늦어지고 땅, 바다, 하늘로 방사능이 무차별로 퍼져 나가면서 일본만 아니라 온 세계가 공포에 떨어야 했어. 발전소 부근 지역은 한순간에 생명체가 살 수 없는 '죽음의 땅'으로 변해 버렸고.

원전은 무려 200만~300만 개에 이르는 부품으로 이루어져 있어. 설비 자체가 엄청나게 거대하고 복잡하지. 그래서 아무리 철저하게 안전 관리를 한다고 해도 언제든 사고가 날 수 있어. 게다가 사람이란 언제든 실수하기 마련이잖아? 원전에서는 작은 실수나 부주의가 곧 대형 참사로 이어질 가능성이 대단히 높아.

바로 이것이 위험 사회의 모습이야. 거대 과학 기술과 급속한 산업화 등으로 상징되는 현대 사회는 이런 위험을 일상적이고도 구조적으로 끊임없이 만들어 내고 있어. 미세 먼지만 보더라도 우리의 일상생활 자체가 거대한 위험에 휩싸여 있다는 걸 생생하게 알 수 있지. 이런 위험이 갈수록 커지고 있는 게 지금 현실이야. 동시에 이전에는 상상할 수 없었던 새로운 위험이 곳곳에서 자라나고 있기도 해.

위험 사회 이야기는 사람을 비롯한 모든 생명의 안전과 평화가 끊임없이 위협 받고 있는 오늘의 현실을 잘 보여 주고 있어. 동시에, 이제 근대 산업 사회와 과학 기술 문명에 '위험'이라는 이름으로 아로새겨진 부정적이고 파괴적인 속성을 깊이 되살펴 보고 고쳐서 사회 전체를 새롭게 다시 구성해야 한다는 점도 새삼 일깨워 주고 있어. 위험 사회를 극복하지 않고서는 환경 위기를 해결할 수 없어. 마찬가지로 환경 위기를 이겨 내지 않고서는 위험 사회를 넘어설 수 없어.

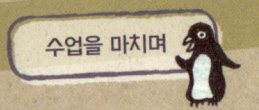 수업을 마치며

조금씩, 쉼 없이 걸어간다면

1912년 4월 15일, 거대한 초호화 여객선이 대서양에서 침몰하는 대형 사고가 일어났어. 영국을 출발해 미국으로 가다가 그만 빙산과 충돌하고 말았지. 1,500명이 넘는 사람이 바다에 빠져 죽은 엄청난 참사였단다. 배 이름은 타이타닉. 같은 제목의 영화로도 널리 알려진 이 배는 당시 세계에서 가장 크고 호화로운 배 가운데 하나로 손꼽혔어. 하지만 빙산이 가까이에 있다는 거듭된 경고에도 불구하고 무리한 항해를 계속하다가 그만 끔찍한 재난의 희생양이 되고 말았지.

'타이타닉 현실주의'란 말이 있어. '타이타닉'이라는 거대하고도 휘황찬란한 문명의 배 위에서 펼쳐지는 향연은 신나고 흥겹기 그지없어. 하지만 그것이 안겨 주는 달콤함에 취해 소리 없이 점점 가까이 다가오고 있는 '재앙'과 '죽음'이라는 또 하나의 엄연한 현실을 알아채지 못하는 게 문제지. '타이타닉 현실주의'는 곧, 지금 당장 눈에 보이는 '껍데기' 현실에 파묻혀 정작 우리의 운명을 진짜로 판가름할 '알맹이' 현실은 보지 못하고 있다는 뜻이기도 해.

지금 우리가 살아가는 모습이 이렇지 않을까? 이 지구가 타이타닉호와 비슷한 건 아닐까? 이 책에서 살펴봤듯이 오늘날 사람을 비롯한 모든 생명의 터전인 지구는 아주 위험한 지경에 빠져 있어. 지구 온난화와 기후 변화, 석유를 비롯한 에너지원과 자원의 고갈, 자연 생태계 파괴와 생물 멸종 등이 이를 잘 보여 주고 있지. 이렇게 된 것은 오랫동안 자연을 경제 성장과 물질의 풍요를 이루기 위한 수단으로만, 인간에게 갖가지 물질을 제공해 주는 자원 저장 창고로만, 인간의 욕망을 채우는 데 필요한 개발의 대상으로만 여겨 온 탓이야.

그런데도 주변을 둘러보면 환경 위기가 심각하다는 얘기를 과장이나 호들갑으로 받아들이는 사람들이 적지 않아. 또 과학 기술이나 돈의 힘으로 환경 문제를 해결할 수 있으리라고 믿는 사람들도 많아. 물론 첨단 기술로 새로운 자원이나 에너지원을 찾아내고 망가진 자연을 다시 살리는 일에 돈을 쏟아 부을 수도 있어. 하지만 그런 해결책은 근본적인 해결책이 아니야. 정확하게 말하자면 시간을 좀 더 버는 것,

파국의 순간을 좀 더 미루는 것에 지나지 않아. 아무리 기술이 발전하고 많은 돈을 쓴다고 한들 지금과 같은 경제 시스템과 삶의 방식이 계속된다면 타이타닉 호가 부딪혔던 비극적 운명을 피하기는 어려워.

우리가 놓치지 말아야 할 것은, 자연 파괴와 인간 파괴는 동전의 앞뒷면과 같이 아주 긴밀하게 연결돼 있다는 점이야. 특히 정의와 평등, 민주주의 등과 같은 사회적 가치가 환경 문제와도 깊은 관계를 맺고 있다는 사실이 중요해. 자연과 생명을 살리고자 하는 생태주의와, 사람과 사회를 살리고자 하는 민주주의는 같은 길을 어깨동무하며 걸어가는 친구이자 동지라는 얘기지.

이제 우리가 할 일은 크게 두 가지야. 하나는 끊임없이 지구를 망가뜨리는 쪽으로 치닫고 있는 반환경적인 경제 시스템과 사회·정치 체제를 바꾸어야 해. 좀 딱딱하게 표현하자면 구조의 변화라 할 수 있겠지. 다른 하나는 개인의 변화야. 지나친 소비와 욕구를 줄이고, 자연과 조화를 이루며 더불어 살아갈 수 있는

새로운 생활 방식과 삶의 지혜를 터득해야 한다는 거지. 이런 구조의 변화와 개인의 변화가 서로 맞물리면서 동시에 이루어질 때 이 하나뿐인 지구의 지속 가능한 미래가 활짝 열릴 수 있어.

특히 '나 혼자서 행동한다고 달라질 게 있을까?'라는 의심과 '내가 바꿀 수 있는 건 아무것도 없을 거야'라는 소극적인 생각을 버려야 해. 한 움큼의 흙 속에도 우주의 비밀이 들어 있고, 한 점 바람 속에도 우주의 섭리가 들어 있는 법이야. 태산 같은 둑도 미세한 구멍 하나로 무너지잖아? 한 사람 한 사람의 변화가 중요한 이유가 여기에 있어. 한 사람 삶의 전환 속에는 이미 수많은 사람의 변화와 새로운 세상의 도래를 앞당길 씨앗이 들어 있기 마련이거든.

그러니 이제 나부터 달라지자꾸나. 나의 삶과 일상을 새로운 세상의 압축판으로, 혹은 대안적 미래의 예고편으로 만들어보자꾸나. 그렇게 조금씩, 천천히, 하지만 쉼 없이 나아가다 보면 어느덧 멋진 '녹색 시민'으로 훌쩍 성장해 있는 자신을 자랑스럽게 발견하게 될 거야.

세계 시민 수업 ❺ 환경 정의
환경 문제는 누구에게나 공평할까?

초판 1쇄 발행 2017년 9월 20일 | **초판 3쇄 발행** 2019년 9월 20일
글쓴이 장성익 | **그린이** 이광익
펴낸이 홍석 | **전무** 김명희
편집부장 이정은 | **편집** 차정민 · 이선아 | **디자인** 권승희
마케팅 홍성우 · 이가은 · 홍보람 · 김정선 · 정원경 | **관리** 최우리
펴낸곳 도서출판 풀빛 | **등록** 1979년 3월 6일 제8-24호
주소 서울특별시 서대문구 북아현로 11가길 12 3층 (북아현동, 한일빌딩)
전화 02-363-5995(영업) 02-362-8900(편집) | **팩스** 02-393-3858
전자우편 kids@pulbit.co.kr | **홈페이지** www.pulbit.co.kr
블로그 pulbitbooks.blog.me | **페이스북** www.facebook.com/pulbitbooks

ⓒ 장성익, 이광익 2017
ISBN 979-11-6172-015-9 74300
ISBN 978-89-7474-114-3 (세트)

사진 저작권 80쪽 ⓒ B Christopher / Shutterstock.com paintings / Shutterstock.com John Gomez / Shutterstock.com

이 도서의 국립중앙도서관 출판시도서목록(CIP)은 서지정보유통지원시스템 홈페이지(http://seoji.nl.go.kr)와 국가자료공동목록시스템(http://www.nl.go.kr/kolisnet)에서 이용하실 수 있습니다.
(CIP제어번호: 2017021484)

＊지은이와 협의해 인지는 생략합니다.
＊책값은 뒤표지에 표시되어 있습니다.
＊잘못된 책이나 파본은 구입하신 곳에서 바꿔드립니다.

볼로냐 라가치 상 논픽션 대상 수상작

내일을 위한 책 시리즈

볼로냐 라가치 상 대상 수상

> **올바른 사회를 만들어 가기 위해
> 내일의 주인공인 어린이들이 꼭 읽어야 할 책!**
>
> 독재, 사회 계급, 민주주의, 여자와 남자(양성평등) 등 사회적, 정치적 주요 주제들에 대해 어린이들이 열려 있도록 도와주고 그들이 만들 '내일'이 어떤 것이어야 하는지를 진지하게 생각해 보게 해 줍니다.

1권 독재란 이런 거예요

독재와 독재자가 무엇인지 그리고 독재 정부는 어떤 것인지 아이들의 눈높이에 맞춰 쉽게, 그러면서도 분명하게 설명합니다. 이름뿐인 민주주의를 구분하는 눈도 갖게 해 줍니다.

플란텔 팀 글 | 미켈 카살 그림 | 김정하 옮김 | 배성호 추천 | 48쪽 | 12,000원

2권 사회 계급이 뭐예요?

모든 사람은 평등하게 태어나지만, 힘이나 권력, 돈 등은 사람들을 불평등하게 만듭니다. 사회 계급이 왜 생겼는지, 각 계급의 특징은 무엇인지 그리고 각 계급 간의 관계는 어떠한지에 대해 설명합니다.

플란텔 팀 글 | 호안 네그레스콜로르 그림 | 김정하 옮김 | 배성호 추천 | 48쪽 | 12,000원

3권 민주주의를 어떻게 이룰까요?

우리가 이루고자 끊임없이 노력해야 하는 것, 민주주의에 대해 이야기합니다. 아이들에게 어려운 개념일 수 있는 민주주의를 아이들에게 익숙한 '놀이'에 비유하며 쉽게 접근할 수 있게 합니다.

플란텔 팀 글 | 마르타 피나 그림 | 김정하 옮김 | 배성호 추천 | 48쪽 | 12,000원

4권 여자와 남자는 같아요

우리 사회에 아직도 존재하는 남녀 차별과 우리가 이루어야 할 양성평등에 대한 이야기입니다. 여자와 남자는 거의 모든 면에서 똑같은 존재이며, 동등한 권리를 가졌다는 것을 알려 줍니다.

플란텔 팀 글 | 루시 구티에레스 그림 | 김정하 옮김 | 배성호 추천 | 48쪽 | 12,000원